# 왜
### 결정은
### 국가가 하는데
# 가난은
### 나의 몫인가

로렌스 W. 리드 편저

전현주 외 역 / 이병태 감수

지식발전소 경제지식네트워크

왜 결정은
국가가 하는데
가난은 나의 몫인가

지식발전소

왜 결정은 국가가 하는데
가난은 나의 몫인가

2019년 3월 4일 초판 1쇄 발행
2025년 9월 8일 초판 6쇄 발행

저자_ 로렌스 W.리드
역자_ 전현주, 박재상, 박준혁, 성화수
발행자_ 최승노
발행처_ 지식발전소(자유기업원)
주소_ 서울특별시 영등포구 양평로25길 8, 어반322 503호
전화_ 02-3774-5000

ISBN 978-89-8429-166-9 (93320)
책값은 뒤표지에 있습니다.
이 책은 저작권자인 경제교육재단(FEE)의 허락을 얻어 출판한 책입니다.

왜 결정은
국가가 하는데
가난은 나의 몫인가

지식발전소

# 책을 발간하며

　인류의 역사에서 인간 대다수 대중에게 자유롭고 번영된 사회를 선사한 것은 자유시장경제다. 우리는 기술 변혁에 주목해서 산업혁명이라는 말로 이 번영의 빅뱅을 묘사하고 있지만 사실 기술이 급속도로 발전하고 우리에게 번영을 가져온 것은 경제적 자유의 확대에 기인한 것이다.

　그럼에도 불구하고 인간의 시선은 아주 근시안적으로 머무는 것이 우리의 인식의 한계다. 자유가 없던 시스템이 가져왔던 빈곤과 참혹한 고통은 잊혀지고, 지금 나와 다른 사람들 사이에 누가 얼마나 더 누리고 있느냐는 것에 더 민감하게 반응한다. 이웃이 땅을 사면 배가 아프다는 일차원적인 사고를 파고 드는 것이 사회주의다.

　배 아픈 사람들에게 달콤한 이야기를 하며 차이가 없는 세상을 만들겠다는 이 선한 선동은 정치인들만의 이야기가 아니다. 지식인들도 이런 세상을 디자인할 수 있다는 망상에서 온갖 가설을 만들고 그런 가설에 맞게 통계를 조작한다. 대중 독재를 통해 사회주의를 달성하겠다는 극단적 정치이념이 공산주의다. 공산주의의 역사적 실패를 통해 이제 드러내놓고 사회주의를 주장하는 사람들은 드물다. 특히, 6·25 참사를 경험하고 남북이 대치하는 우리나라에서는 더더욱 사회주의를 명시적으로 내놓고 이야기하지 않는다.

　그렇다고 이 땅에 사회주의가 사라진 것이 아니며 오히려 정반대로 보아야 한다. 사회주의자들은 민중을 현혹하기 위해 상생, 동반성장, 경제민주화, 소득주도 성장, 평등하고 공정하고 정의로운 사회 그리고 포용적 성장이라는 선의를 가장한 미사여구를 앞세우며 준동하고 있다. 위장된 사회주의도 결국 정부는 점점 커져서 인간의 자유를 억압하고, 더 빈곤한 나라를 만들며, 그들이 앞세우는 경제적 약자를 더 힘들게 한다는 점에서는 하나도 다를 것이 없다.

이런 정치적, 지적 모순에 빠지지 않기 위해서 우리는 사회주의가 무엇인지를 정확히 알아야 한다. 그리고 현재의 눈에 보이는 차이에 집착하지 않고, 자유가 없었던 과거, 자유가 억압된 다른 사회와 비교하는 지적인 훈련이 필요하다.

공산혁명주의자인 레온 트로츠키마저 "내길은 목적이 달성되는 점이 있을 때 수단을 정당화할 수 있다"고 말했지만 사회주의자들의 수단들은 그들이 내건 사회적 정의에 반하는 것이 대부분임에도 겉으로 내세우는 선한 목적 때문에 좀처럼 역사에서 퇴출되지 않고 모양을 바꿔가며 사회에 스며들고 있다. 독자들은 이 책을 읽으면서 우리 정치에서도 그런 위장된 사회주의가 빈번함을 깨닫게 될 것이다.

독자들은 이 책을 읽으면서 경제지식네트워크와 자유기업원이 왜 이 책을 번역·출판하는지를 이해하게 될 것이다. 최근의 대한민국 정치가 점차 자유시장경제에서 멀어지고 있고 사회주의적 경향이 강해지고 있다. 아무쪼록 이 책이 널리 읽혀서 한국이 이념적으로 위기를 맞고 있다는 점과 더 자유롭고 번영된 미래를 만들기 위해서는 위장된 사회주의의 유혹에서 벗어나야 한다는 점을 깨닫는 계기가 되었으면 한다.

경제지식네트워크 대표
이병태

# 발간사

'역사의 종언'이라는 말은 틀렸다. 애초에 그것은 성립할 수 없는 말이었다.

소련의 멸망을 지켜본 학자들은 더 이상 이념 전쟁은 필요치 않다고 얘기했다. '역사의 종언'이라는 말이 그때 나왔다. 역사학자 F. 후쿠야마는 그의 저서 〈역사의 종언〉에서 사회주의, 공산주의체제의 붕괴와 자유민주주의 승리를 '역사의 종언'이라고 표현한 것이다. 인류가 추구한 보편적 진리의 승리를 말한 것이다. 그럴듯해 보이지만, 세상의 이치를 잘못 바라본 말이었다.

세계에는 여전히 사회주의를 신봉하고 따르려는 정치세력이 존재한다. 사회주의는 자유주의와 함께 현존하는 대표적 두 이념이다. 대부분의 나라에서 자유주의와 사회주의는 여전히 대립하고 있다. 그렇다면 당신은 자유주의와 사회주의 가운데 어떤 이념을 선택할 것인가? 어떤 이념을 선택해서 자신의 삶을 살아가느냐에 따라 미래는 바뀐다.

대부분의 사람들은 보수적 태도를 갖기 때문에 자기가 사는 동네가 좋고, 그 살아가는 방식이 좋다고 느끼는 것이 일반적이다. 그렇지만 다른 지역과 국가를 비교할 수 있고 정보를 교류하는 개방적인 사회에서는 점차 다른 지역의 장점과 우월성을 따르고자 하는 사람들이 나온다. 이런 사람들의 선택으로 더 나은 이념이 전파된다.

지금 인류는 자유주의가 어느 정도 자리 잡은 문명사회에서 살고 있다. 마르크스는 그렇게 발전해온 인류의 삶의 방식을 자본주의라고 불렀다. 그런 사회에서 벗어나 사회주의 사회를 만들자는 구호는 일부 사람들에게 매력적으로 보였고, 특히 현실에 불만을 갖는 계층일수록 그런 주장에 관심을 갖게 되었다. 그러다보니 사회주의를 따르는 정치세력들이 나왔고, 실제로 상당수 나라들이 사회주의 국가를 표방하기도 했다. 하지만 그런 나라의 국민에게는 궁핍과 아픈 상처만 남았다.

사회주의 원리에 충실했던 사회주의 국가들이 몰락하면서 사회주의 정치세력은 위축됐다. 하지만 그렇다고 사라진 것은 아니다. 인간은 본능적으로 원시적 본능에 부합하는 생각과 행동에 익숙하기 때문이다. 원시적 본능에서 벗어나기에는 이성적 사고와 문명사회의 질서가 인간의 역사에서 차지하는 기간이 매우 짧다. 그러다보니 자본주의 국가 내에서 사회주의를 지향하는 정치세력이 지지층을 넓혀 가고 있다. 특히 자본주의가 발달한 나라에서 사람들은 자신의 처지를 한탄하기도 하면서 불만족의 이유를 자본주의 구조적 한계라고 쉽게 말하기 시작했다.

그런 사회적 인식이 확산되면서 사람들은 자본주의를 비판하고 부정하는 것에 익숙해졌다. 딱히 사회주의 사회를 지지할 마음이 있는 것은 아니지만, 그렇다고 해서 자본주의가 좋다고 말하는 것도 꺼리는 것이다. 사회주의를 지지하자니 말도 안되는 걸 지지하는 몽상가처럼 보일 것이고, 자본주의를 지지한다고 하면 왠지 욕심꾸러기 냉혈한으로 보일 것 같아서 일 것이다.

이런 혼란스러운 태도는 사회주의자에게서 심하게 나타난다. 그들은 스스로 사회주의자라고 말하는 것조차 꺼려한다. 사회주의적인 사고를 하고 사회주의 세상을 꿈꾸면서 스스로를 사회주의자라고 말하지 않는다. 그들은 자본주의를 비판하는 것에는 열심이지만, 그렇다고 사회주의가 좋다는 말을 드러내지는 않는다. 그 이유는 사회주의가 현실에서 늘 실패해왔고 성공하기 어렵다는 것을 알기 때문이다. 그래서 그들은 사회주의를 적당히 다른 것으로 포장한다.

20세기 인류를 가장 위협했던 것은 사회주의였다. 전체주의 속성을 드러냈던 사회주의는 인류의 삶을 심각하게 위협했다. 지금 21세기에도 사회주의는 여전히 살아남아 우리를 위협하고 있다. 오히려 다양한 형태의 변종이 나오면서 보편적 삶의 원리를 교묘하게 뒤틀고 있다.

   사회주의가 궁금하다면 이 책을 보면서 사회주의의 모든 것을 생각하기를 권한다. 사회주의의 정체성을 파악하고 이해하는 것은 자신의 삶을 지키고 더 나은 삶의 방식을 찾아가는데 꼭 필요한 일 가운데 하나다.

자유기업원 원장
최승노

# 서 문

어떤 사회주의자가 "사회주의의 ABC"를 알려주겠다고 한다면, 그는 분명 ABC까지만 말하고 싶을 것이다. 가슴 따뜻한 이야기, 모호한 약속들, 좋아 보이는 정치 프로그램들, 아마도 분노와 시기심이 가득하여 부자들에 대한 비난을 장황하게 늘어놓겠지만, 사회주의의 끝이 결국 어떠할 지에 대해서는 별 말이 없다. 그 부분에 가면 항상 좀 당황스러워진다.

그래서 이 책이 나왔다. 이 책에 실린 글들은 사회주의의 근본적인 동기와 실제적인 결과들을 이해할 수 있도록 사회주의가 표면적으로 호소하는 것의 이면을 보여준다. 그 어떤 정치, 경제 또는 사회 조직 제도도 단순히 그 옹호자들이 말하는 것으로 판단되어서는 안된다. 그것은 정말 수박 겉핥기식의 사고이며, 구호나 차량 스티커에 불과하다. 그 제도의 기본 전제와 그것이 실제로 만들어내는 결과로 판단하는 것이 훨씬 더 유익하다.

그렇다면 무엇이 중요하고도 명확한 문제인지 단번에 알 수 있다. 바로 '사회주의란 무엇인가?'라는 문제다. 이 책의 첫 번째 장은 이 문제를 다루고, 그 이후 장에서는 좀 더 상세히 설명한다. 우선적으로 명확하게 짚고 넘어갈 것이 있다. 어떻게 정의하든지 간에 사회주의는 정부와 관련되어 있다. 아주 큰 정부. 오늘날 우리가 보는 그 어느 정부보다 훨씬 더 거대한 정부 말이다. 이미 우리는 정부의 팽창과 그로 인해 야기되었던 모든 문제들을, 심지어 재앙에 가까운 고통을 경험했는데도 사회주의는 여전히 큰 정부를 내세운다.

만약 당신이 평화롭고 선의를 가진 사람이라면, 존중받아야 마땅한 개개인들에게 가장 좋은 것이 주어지길 바라는 사람이라면, 분명 이 책을 읽고 나서 진지하게 생각하게 될 것이다.

당신이 어떤 정치적 입장을 취하든, 사회주의자, 자유주의자, 보수주의자, 무정부주의자, 또는 그 밖의 어떤 것이든 상관없이, 정부 관계자들이 정직하고 겸손하며 공정하고 지혜로우며 독립적이고 책임감이 강하며 부패하지 않고 미래 지향적이며 다른 이들을 존중하길 바라는 것은 지극히 당연하다. 그들이 당신처럼 평화롭고 선의를 가진 이들이기를 바라고 있지 않는가?

그런데 사람들은 전혀 의식하지 못하면서도 완전히 모순된 견해들을 모두 가질 수 있다. 핵심은 정부 규모가 커질수록 우리 모두가 원하는 특성을 가진 사람들을 끌어들일 가능성이 낮아진다는 사실이다.

당신은 고위직 공직자를 뽑기 위한 선거 운동이 얼마나 비열하고 추잡한지 알고 있는가? 요즈음 정치 활동에서 거짓말과 왜곡은 다반사다. 왜 정말로 선량한 사람들이 스스로 그 더러움의 지배를 받으려는 것일까? 선량한 사람들이 귀찮아하고 점점 더 신경을 쓰지 않으면서 정부에는 지저분한 사람들과 선동꾼들만 들끓을 때가 너무나 많다. 그러므로 우리는 역사가 더 끔찍한 것이라고 말하는 것을 진심으로 깊이 생각해야만 한다. 그것은 바로 나쁜 사람들이 운영하는 큰 정부다.

액턴 경(Lord Acton)은 한 세기도 더 전에 "권력은 부패하고, 절대 권력은 절대적으로 부패한다"는 유명한 말을 남겼다. 정확히 맞는 말이지만, 나는 거기에 한 마디 덧붙이고 싶다. "권력이 부패한 사람들을 끌어 모은다." 사회주의는 이 문제를 해결할 기적적인 방법이라도 있다는 것인가?

많은 사회주의자들이 좋은 의도를 갖고 있다 해도, 매년 몇 조 달러를 강제로 재분배하고 다른 사람들의 삶의 모든 측면을 일일이 규제하는 일이 맡겨졌을 때 그들이 선하고 정직하기를 기대하기란 어려울 것이다. 그런 권력은 성인(聖人)도 바로 죄인으로 만들 수 있다.

권력이 악마의 무기 중에서 가장 신랄하고, 인격을 파괴하며, 사회를 무너뜨리는 무기인 것은 당연하다. 하지만 사회주의자들은 좋은 일을 한다는 명분을 내세우며 항상 그 권력을 더 많이 원한다. 그리고 가장 많은 지식을 가졌다고 스스로 말하는 사람들에게 그 권력이 집중되기를 원한다.

그러므로 사회주의를 겉으로 보이는 부드러운 벨벳 장갑으로만 판단하고 그 안에 숨겨진 강철 주먹을 간과하는 어리석음을 범하지 말라. 사회주의의 ABC에서 멈추지 말고 끝까지, XYZ까지 가 보라. 이 책은 사회주의자들이 뻔뻔하게 숨겨두고 언급하지 않는 사회주의의 XYZ를 보여줄 것이다.

경제교육재단(FEE) 회장
로렌스 W. 리드(Lawrence W. Reed)

# 차 례

책을 발간하며 _ 5
발간사 _ 7
서문 _ 10

## 제1장  사회주의란 무엇인가?     15

01. 러시아 혁명과 두 사람 이야기 _ 17
02. 끊임없이 움직이는 과녁 _ 25
03. 눈보라인가 아니면, 눈송이인가? _ 31
04. 오믈렛은 어디에 있나? _ 36
05. 사회주의는 독재자가 필요하다 _ 40
06. 왜 불가능할까? _ 45

## 제2장  왜 사회주의에 끌리는가?     55

07. 의지만 있다면 _ 57
08. 경이로운 세계 _ 80
09. 사회주의의 심리학 _ 84

## 제3장  복지는 다 좋아?     89

10. 북유럽은 사회주의인가? _ 91
11. 북유럽 복지의 실체 _ 95
12. 라인강의 기적에 사회주의 숟가락을 얹지 말라 _ 99
13. 현대 사회주의의 다섯 가지 얼굴 _ 106
14. 버니, 친절은 시장에서 나와요 _ 112
15. 왜 실패했는가? _ 116

| 제4장 | 믿고 싶은 것과 실제 일어나는 일은 다르다 | 125 |

16. 너, 베네수엘라에서 살고 싶니? _ 127
17. 밀레니얼 세대는 자본주의 및 사회주의와 삼각관계에 빠졌다 _ 131
18. 민주주의 + 사회주의 = 민주사회주의? _ 136
19. 사회주의는 친환경적일까? _ 141
20. 사회주의 하에서 반기를 든다는 것은 _ 147
21. 민주주의의 약점, 사회주의의 기회 _ 152

| 제5장 | 듣지 못한 싸이렌 | 159 |

22. 결과는 달라질 수도 있었다 _ 161
23. 경고는 울렸다 _ 166
24. 미제스의 『사회주의』 _ 175

| 제6장 | 그들은 정말 사회주의자였을까? | 191 |

25. 가이사의 것은 가이사에게: 예수는 사회주의자였나? _ 193
26. 디킨스는 정말 사회주의자였을까? _ 205

제1장

# 사회주의란 무엇인가?

"어떤 종류의 사회주의도 결국엔 인간의 영혼을 완전히 파괴하고 인류를 죽음으로 몰고 간다"

— 솔제니친

# 01

# 러시아 혁명과 두 사람 이야기

로렌스 W. 리드(Lawrence W. Reed)

지난 수십 년 동안 구(舊) 소련은 국가 권력이 블라디미르 레닌(Vladimir Lenin)의 수중에 넘어가고 74년간 지속된 공산당 독재 정권이 시작된 중대한 사건을 "위대한 10월 사회주의 혁명"이라 부르며 선전했다. 이제 막 한 세기가 지났다.

아무도 축하해서는 안 되는 기념일이다.

장소를 불문하고 생각이 올바른 사람이라면 1917년 러시아의 비극은 기념해야 할 가치가 전혀 없다. 그러나 그 비극의 모든 것은 기억할 만한 가치가 충분하다. 그리고 중요한 교훈들을 배울 가치가 있다. 한 세기 전 권좌에 오른 이데올로기가 자행한 학살은 인간 타락의 역사에 다시 없을 악행으로 영원히 남을 것이다. 만약 그 이데올로기가 무엇이었는지, 혹은 뭐라고 불러야 할 지 모르겠다면, 다음 장 "끊임없이 움직이는 과녁"을 읽어보면 도움이 될 것이다.

나는 49년 전 소련이 체코슬로바키아를 침공하는 것을 보고 자유주의 운동가가 되었다. 그러므로, 개인적인 이유도 있는 나는 어떻게 해서든 한 세기를 맞는 이 중대사를 주목하지 않고 넘어갈 수는 없었다.

20세기에 소련 정권과 그 정권에서 파생된 독재 정권들의 희생자는 1억

명에 육박한다. 그러나 그 어떤 글이나 책이나 두꺼운 문서들이 그들의 고통과 희생의 이야기들을 제대로 보여줄 수 있을까? 그건 불가능하다. 그러나, 그렇다 하더라도, 나는 그 1억 명 중에 단 두 사람의 이야기를 통해 그 사건을 말해 보고자 한다. 개러스 존스와 보리스 콘펠트.

―

개러스 리차드 보건 존스(Gareth Richard Vaughan Jones)는 1905년 8월 13일 웨일즈에서 태어났다. 부모님은 중산층 교육자였고 아들이 할 수 있는 한 최상의 교육을 받도록 애썼다. 25살이 된 젊은 개러스는 웨일즈 대학과 캠브리지 대학의 트리니티 칼리지에서 프랑스어, 독일어, 러시아어 학위를 취득했다. 전(前) 영국 수상 데이비드 로이드(David Lloyd)는 25살의 개러스를 외교 보좌관으로 전격 발탁했다.

개러스는 전 세계가 자신의 품 안에 들어왔다고 생각했을 것이다. 그러나 곧 국제적으로 유명한 기자가 될 것도, 서른 살이 채 되기 전에 죽을 것도 그는 알지 못했다.

1930년대 초, 개러스는 스탈린(Stalin) 치하의 소련에 대해 두 가지 실정 조사를 착수하였다. 그리고 자신이 취재한 바를 서구 주요 매체에 여러 번 기고하여 호평을 받았다. 1933년 3월에 예정된 세 번째 소련 방문을 앞두고 그는 15개 소련 공화국 중 하나인 우크라이나의 상황이 끔찍하다는 믿을만한 정보를 입수했다. 그는 직접 파헤쳐 보기로 결심하고 조사 일정을 잡았다.

그 운명적인 여행을 한 달 앞두고 개러스 존스는 독일 정부로부터 프랑크푸르트에서 열리는 정치 대회를 취재해 달라는 공식 요청을 받았다. 아돌프 히틀러(Adolf Hitler)가 1월에 막 독일 총리에 지명된 차였다. 1933년 2월 27일 의문의 방화사건으로 독일 국회의사당이 불타기 사흘 전, 개러스는 아돌프 히틀러 및 조시프 괴벨스(Joseph Goebbels)와 함께 정치 대회로 향하는 비행기에 올랐다. 그는 곧 나치 독일의 "총통"이 될 사람에게 쏟아지는 광적인 찬사를 목격하면서 다가오는 재앙을 예감했다. 후에 그는 만약 히틀러 및 괴벨스와 같이 탄 그 비행기가 추락했다면 유럽의 역사는 달라졌을 거라고 회고했다.

독일 취재를 마친 그는 3월 모스코바에 도착했다. 모스코바에서 우크라이나로 가는 여행은 금지되어 있었지만, 그는 용케도 소련 당국의 눈을 피해서 우크라이나로 향하였다. 거기서 그는 보는 것마다, 듣는 것마다 몸서리 치지 않을 수 없었다. 그 달 말, 그는 베를린으로 돌아와 보고 들은 것을 전 세계에 알렸다. 〈뉴욕 이브닝 포스트(New York Evening Post)〉, 영국의 〈맨체스터 가디언(Manchester Guardian)〉, 그리고 수많은 다른 신문들에 실린 글에서 그는 말했다.

> 나는 걸어서 마을들과 12개의 집단 농장을 돌아 다녔다. 가는 곳마다 비명소리가 난무했다. "먹을 게 없어요. 우린 죽어가고 있습니다" …… 나는 흑토 지대를 여행했다. 한 때 그곳은 가장 비옥한 농경지기도 했고, 기자들이 취재를 위해 직접 방문하는 것이 금지된 곳이기 때문이다.
>
> 기차에서 만난 공산주의자는 기근의 존재 자체를 부인했다. 나는 가지고 있던 빵을 먹고 부스러기를 침 뱉는 그릇에 버렸다. 옆 자리에 앉아 있던 농부가 그 부스러기를 건져서는 게걸스럽게 먹었다. 나는 오렌지 껍질을 그 그릇에 던졌다. 그 농부가 다시 그것을 꺼내 우적우적 먹어댔다. 그 공산주의자는 입을 다물었다.
>
> 어느 날은 200마리의 소가 있었지만 지금은 단 여섯 마리만 남은 마을에서 밤을 세웠다. 농부들은 가축의 사료들을 먹었고 그마저도 한달 치만 남아 있을 뿐이었다. 그들은 이미 많은 사람들이 굶어 죽었다고 말해주었다. 두 명의 군인이 도둑을 체포하러 왔다. 그들은 내게 밤에 돌아다니지 말라고 경고했다. 너무 많은 사람들이 '굶주리다 못해' 절박한 상황에 처해 있기 때문이었다.
>
> "우린 죽음을 기다리고 있어요." 나를 맞아준 말이었다 …… "더 남쪽으로 가도 아무 것도 없어요. 많은 집들이 텅 비었습니다. 사람들이 이미 죽어서." 그들은 울부짖었다.

개러스는 위대한 10월 사회주의 혁명이 저지른 가장 극악한 범죄 현장 한 곳에 들어갔다. 바로 1932~1933년 홀로도모르(Holodomor)이다. 테러

기근과 우크라이나 인종 청소로도 알려진 이 사건은 약 4백만에서 천만의 목숨을 앗아간 의도적인 인재(人災)이며, 권력의 상부로부터 계획된 재앙이었다. 스탈린을 정점으로 하는 공산주의 관료 집단은 농업의 집단화 정책을 강압적으로 실행하면서 이에 저항하는 우크라이나인들을 짓밟기 위해 기근을 획책하였다. 2년 후, 수백만 명이 죽고 나서 스탈린은 "동지들이여, 우리의 삶은 나아지고 있습니다. 우리의 삶은 점점 더 즐거워지고 있습니다"라고 연설했다.

역사가 티모시 스나이더(Timothy Snyder)는 『피의 땅: 히틀러와 스탈린 사이의 유럽(Bloodlands[1] : Europe Between Hitler and Stalin)』에서 극심한 기근 동안 인육을 먹는 일이 만연했다고 말한다.

> 살아남은 사람들은 육체적으로 고군분투할 뿐만 아니라 도덕적으로도 극심한 갈등을 겪었다. 한 여의사는 1933년 6월 친구에게 편지를 썼다. "나는 아직까지 인육을 먹지 않았지만, 이 편지가 너에게 도착할 즈음에는 어떨지 나도 모르겠어." 선한 사람들이 먼저 죽었다. 도둑질을, 매춘을 거절한 사람들이 죽었다. 다른 이들에게 음식을 나누어준 사람들이 죽었다. 시체를 먹지 않겠다는 이들이 죽었다. 동료들을 죽이지 않겠다는 이들이 죽었다. 인육을 거절한 부모들이 아이들보다 먼저 죽었다.

27살의 개러스는 이 끔찍한 우크라이나 기근을 바깥 세상에 폭로한 첫 번째 기자였다. 오늘날 상식이 있는 사람이라면 그 누구도 이 사실을 부인하지 않는다. 그러나 1933년 3월 개러스는 경험이 많고 명망이 높은 기자들이 자신의 폭로를 맹렬히 비판하자 큰 충격을 받았다.

그 중, 주동자는 〈뉴욕 타임스(New York Times)〉의 친소련파 기자, 월터 듀랜티(Walter Duranty)였다. 듀랜티는 3월 31일자 〈타임스(The Times)〉에서 개러스의 기사가 조작이라고 비난했다. 심지어 그는 크렘린의 취재원을 마치 그것이 믿을 만 하다는 듯이 인용해 개러스를 새빨간 거짓말쟁이라고 몰아세웠다.

듀랜티는 개러스를 비난한 것에 대해 절대 사과하지 않았다. "기근은 없다"는 선동도 철회하지 않았다. 그는 소련 "특종"으로 후에 퓰리처상을 받았다. 몇 십 년이 흐른 후, 〈타임스〉는 그의 글이 "타임스 최악의 기사"라고 인정했다. 듀랜티는 블라디미르 레닌이 "쓸모 있는 멍청이(Useful Idiots)라고 경멸했던 전형적인 예다. (그런데, 그런 사람들이 여전히 많다는 것이 충격적이다. 그들에 대해 알고 싶다면 사회학자 폴 홀랜더(Paul Hollander)의 글을 참조하라.)

모스크바는 개러스 존스가 소련 당국의 뜻을 거스르고 우크라이나로 갔다는 사실에 분노했다. 전 세계에 우크라이나의 상황을 폭로한 그는 공식적 블랙리스트에 올랐다. 개러스가 일전에 모스크바에서 인터뷰를 했던 소련의 외무성, 막심 리트비노프(Maxim Litvinov)는 로이드 수상에게 개인적인 서신을 보내 개러스의 소련 입국 금지령을 통보했다.

2년 후에 개러스와 한 독일 기자는 격동하는 중국에서 벌어지는 일들을 취재하던 중, 마적들에게 억류되었는데, 독일 기자는 이틀이 채 안 되어 석방되었지만, 개러스는 16일이나 더 잡혀 있었다. 그리고 나서, 그는 1935년 8월 12일, 서른 번째 생일 전 날, 의문의 총탄에 죽었다. BBC 다큐멘터리에 따르면, 그의 죽음에 소련의 비밀경찰이 연루된 것이 분명한 듯하다.

그가 사망하고 두 주가 지나서, 데이비드 로이드 조지는 젊은 친구에게 헌사를 했다.

> 그 지역은 무수한 음모들이 들끓는 곳이고, 아마도 이해관계가 얽힌 누군가가 개러스 존스가 내막을 너무 많이 알고 있음을 알게 된 듯 합니다 …… 그는 문제가 있는 곳은 어디든, 설령 머나먼 타국에서 일어나는 일들조차도 밝혀 내고자 하는 열정을 갖고 있었습니다. 그리고 그 어떤 위험도 사실을 조사하려는 그를 가로막지 못하였습니다 …… 나는 그가 너무 큰 위험을 무릅쓰는 것이 항상 걱정스러웠습니다. 그 어떤 것도 그의 조사망을 벗어나지 못했고 그 어떤 장애물도 그가 의혹을 품었을 때 그의 길을 막지 못했으며, 그는 사실을 밝혀냈습니다. 그는 중대한 사건에 접근하여 알아내고야 마는 불굴의 재능을 가지고 있었습니다.

개러스 존스는 그의 용감한 기사가 사실로 확인되기도 전에 죽었다. 그러나 오늘날 우크라이나에서는 그를 기념한다. 그 곳에서 그는 국가적 영웅이다.

―

보리스 니콜라예비치 콘펠트(Boris Nicholayevich Kornfeld)가 정확히 언제 태어났는지 아는 이는 확실히 없는 듯 하다. 만약 어떤 사람이 – 당장은 그를 그저 X라고 부르겠다 – 쓴 유명한 책의 몇 단락이 없었다면 우리는 오늘날 그에 대해 아무 것도 몰랐을 것이다. 콘펠트는 X의 인생에 크나큰 영향을 주었으며, X가 살아남는 데 큰 보탬이 되었을 것이다.

우리가 알고 있는 것이라고는, 1940년대 후반 콘펠트는 소련 시베리아의 악명 높은 강제 노동 수용소, 에키바스투즈(Ekibastuz)에 투옥된 죄수였다는 사실이다. 그는 의사였기 때문에 가끔 다른 죄수들을 돌보라는 명령을 받았다는 것도 안다. 그는 유대인이었지만, 수용소 내에서 기독교 죄수들의 믿음과 금욕적인 생활 태도를 보고 영향을 받아 개종했다. 그는 엄청난 위험을 감수하더라도 다른 사람들에게 기독교를 전해야겠다는 강력한 부담감을 느꼈다.

X는 콘펠트 박사와 대면한 순간을 그 유명한 책에 기록한다.

> 나는 수용소 병원 외과 병실에 누워 수술을 기다리고 있다. 나는 움직일 수 없다. 몸은 뜨겁고 열에 들떠 있지만, 의식만큼은 혼미해지지 않고 또렷하다. 나는 보리스 니콜라예비치 콘펠트 박사에게 감사한다. 그는 저녁 내내 내 침상 옆에 앉아 내게 이야기를 해 준다. 불이 꺼져서 눈은 더 이상 부시지 않을 것이다. 병실 안에 다른 사람은 없다.
>
> 그는 유대교에서 기독교로 개종한 긴 이야기를 열심히 말해준다. 새로운 개종자의 확신에, 그의 말에 담긴 열정에 나는 감탄한다.
>
> 우리는 서로 거의 알지 못한다. 그리고 그는 내 담당 의사가 아니었다. 그러나 여기에는 그의 감정을 나눌 수 있는 사람이 아무도 없었다. 그는 온화하고 태도가 바른 사람이었다. 나는 그에게서 나쁜 점을 찾아 볼 수 없었고 그에 대해

어떤 안 좋은 것도 알지 못했다. 그러나 나는 경계하고 있었다. 왜냐하면 그는 외부 출입이 전혀 없이 두 달째 병원에서만 생활 중이었다. 그는 일터에 자신을 가두고 수용소 주변에 돌아다니는 것을 일절 금했다.

그것은 그가 화를 당할까 두려워한다는 의미였다. 당시 수용소에서는 밀고자를 죽이는 것이 유행이었다. 이는 효과가 있다. 그러나 밀고자만 골라서 죽인다는 보장이 어디 있을까? 어떤 죄수는 분명히 추악한 원한 때문에 죽었다. 그러므로 콘펠트가 병원에서 꼼짝 안 하는 것이 그가 밀고자라는 것은 아니었다.

시간이 많이 늦었다. 병원 전체는 잠들어 있다. 콘펠트는 이야기를 마무리 한다…… 나는 그의 얼굴을 볼 수 없다. 창문을 통해 바깥 불빛이 산산이 반사될 뿐이다. 복도 쪽 문에 노란 전등 빛이 어슴푸레 빛난다. 그러나 알 수 없는 그의 목소리가 들리고 나의 몸은 떨린다.

그것은 보리스 콘펠트의 마지막 말이었다. 소리 없이 그는 근처 병실로 갔고 거기 누워 잠이 들었다. 모든 이들이 잠자고 있었다. 그가 대화를 할 수 있는 사람은 없었다. 나도 잠에 빠져 있었다.

아침에 나는 복도를 쿵쿵거리며 뛰어다니는 소리에 잠이 깼다. 잡역부들이 콘펠트를 수술실로 옮기고 있었다. 잠들어 있던 그는 두개골을 미장공의 망치로 여덟 번이나 가격 당했다. 그는 의식을 회복하지 못하고 수술대 위에서 죽었다.

이 글을 쓴 "유명한" X는 누구인가? 다름 아닌 알렉산드르 솔제니친(Aleksandr Solzhenitsyn)이다. 20세기 문학과 역사에서 가장 위대한 작품이자 솔제니친을 영원히 기억하게 만들 『수용소 군도(The Gulag Archipelago)』, 그 안에서 그는 10년간 죄수로 있었다. 후에 노벨 문학상 수상자가 되는 솔제니친은 그 끔직한 환경을 견뎌낼 수 있는 정신적 및 영적 결의를 다지는 데 콘펠트가 대단히 중요한 역할을 했음을 인정했다. 1973년 『수용소 군도』 원고가 수용소를 빠져 나와 서구 사회에서 출간되었을 때, 그나마 남아 있던 소련 사회주의 "노동자의 천국" 신화는 완전히 사라졌다.

보리스 콘펠트는 그저 책 속의 등장인물이 아니었다. 위대한 10월 사회주의 혁명의 다른 80만 혹은 90만 혹은 100만 명의 희생자들과 마찬가지로 실제로 존재한 인간이었다. 그에겐 이름도, 가족도, 계획과 야망도, 좋아하는 것과 싫어하는 것도, 기쁨과 슬픔도 있었다. 감사하게도 그는 품위도 있었다. 그는 진리와 감동을 나누었고, 그것을 위해 고통을 감수했다. 그에게서 다른 이의 영혼으로 전달된 용기를 통해 그가 진정한 악의 제국(Evil Empire)이 종식되는 것을 도왔다고 생각해도 무리는 아닐 것이다.

개러스 존스도, 분명히 이 결과에 대해 무척 기뻐할 것이다.

솔제니친의 말을 인용하여 결론을 맺으려 한다. 그의 말을 생각해 보라.

> 어떤 종류의 사회주의도 결국엔 인간의 영혼을 완전히 파괴하고 인류를 죽음으로 몰고 간다.
>
> 지난 몇 년간 여러 곳에서 나는 많은 서구의 사상가들이 정의의 왕국이라고 생각하는 사회주의가 사실은 강요로 점철된 것이고 관료의 탐욕, 부패, 욕심이 가득했으며, 그것이 한결 같았고, 강요 없이는 사회주의가 실현될 수 없다는 사실을 입증했다.

위대한 10월 사회주의 혁명은 최고 등급의 재앙이었다. 그것에 대해 어떤 변명도 말라. 절대로.

# 02

# 끊임없이 움직이는 과녁

로렌스 W. 리드(Lawrence W. Reed)

벽에 디저트용 과일 젤리를 못으로 박으려고 해 본 적이 있는가? 그보다 더 어려운 것이 사회주의자가 사회주의라는 개념을 명확하게 고수하는 것이다. 그래서 사회주의는 끊임없이 움직이는 과녁이다.

마르크스(Marx)는 사유재산제 폐지와 생산수단의 국가 소유를 주장했다. 그리고 그것을 "과학적 사회주의"라고 이름 붙였다.

"하지만 그것은 우리가 의도하는 게 아니다!" 오늘날 사회주의 몽상가들은 선언한다.

레닌은 소비에트 사회주의 공화국 연합, 즉 소련을 세웠다. 그는 국가가 "인민들의 이익"을 위해 삶의 모든 것을 책임지게 만들었다. 레닌의 대량 학살 후계자인 스탈린은 소련 사회주의가 사회주의 지식인들이 약속하는 "노동자의 낙원"을 완성할 것이라고 주장했다.

"하지만 그것은 우리가 의도하는 게 아니다!" 오늘날 사회주의 몽상가들은 선언한다.

히틀러와 그의 부하들은 독일 경제를 "계획"하고 사회주의자라고 자칭했으며 심지어 자신의 정치 조직을 국가 사회주의 독일 노동자당(National Socialist German Workers Party)이라고 명명하기까지 했다.

"하지만 그것은 우리가 의도하는 게 아니다!" 오늘날 사회주의 몽상가들은 선언한다. 소비에트 제국 내 15개 소련 위성 국가들은 모두 사회주의에 충실하겠다고 선언했다.(1989~1991년 모든 사회주의 정권이 무너질 때까지 말이다.)

"하지만 그것은 우리가 의도하는 게 아니다!" 오늘날 사회주의 몽상가들은 선언한다.

## 차고 넘치는 사회주의 실패 사례들

1950년대부터 아프리카와 아시아의 수십 개 정권들은 사회주의라는 이름을 자랑스럽게 받아들이고 사회주의 지상낙원 실현에 전념했다. 오늘날 사회주의 몽상가들은 그 국가들에 대해 한결같이 "그것은 우리가 의도하는 게 아니다!"라고 말한다.

전 세계 사회주의자들은 베네수엘라에서 우고 차베스(Hugo Chavez)가 권력을 잡고 승승장구할 때 크게 기뻐했다. 그가 개인의 재산을 몰수하고 민간사업을 국유화하고 소득을 재분배할 때 "이것이 우리가 의도하는 것이다!"를 마치 사회주의자들의 주문처럼 되뇌었다. 불과 15년이 지난 지금, 베네수엘라 경제는 완전히 마비되었고, 사회주의 몽상가들은 꿀 먹은 벙어리마냥 입을 꾹 다물고 있다. 그리고 결국에는 늘 들어왔던 말을 한 번 더 듣게 된다. "하지만 그것은 우리가 의도하는 게 아니다!"

가장 유명한 버니 샌더스(Bernie Sanders)를 포함해 오늘날 사회주의 몽상가들은 북유럽에 눈독을 들이고 있다. "이것이 우리가 의도하는 것이다!"라고 선언한다. 그래서 북유럽 지역을 면밀히 연구한 사람들은 북유럽 국가에는 최저임금법도 없고, 미국보다 기업의 세금도 낮고, 학교 선택권도 더 다양하고, 자유 무역에 기반을 둔 세계화된 경제체제를 갖춘 데다 국영 기업이 거의 없다는 사실을 지적한다.

최근 덴마크 총리는 확실하게 못 박았다. "나는 일부 미국인들이 북유럽 경제체제를 일종의 사회주의라고 말하는 것을 알고 있습니다. 그래서 한 가지를 명확히 말하고 싶습니다. 덴마크는 절대 사회주의 계획경제가 아닙니다. 시장경제입니다." 그래서 사회주의 몽상가들은 말한다. "글쎄, 그건 우리가 의도하는 게 아니다." 그들은 최저 임금 인상, 기업에 대한 중과세, (선택권이 없는) 평등한 학교, 상업에 대한 정부의 대규모 개입을 지지한다.

## 인류를 위한 더 나은 삶

구(舊) 소련의 마지막 지도자, 미하일 고르바초프(Mikhail Gorbachev)는 누가 사회주의자인가에 대해 가장 포괄적인 견해를 밝혔다. 그는 "예수가 최초의 사회주의자"라고 말했다. 왜냐하면 예수는 "처음으로 인류를 위한 더 나은 삶을 추구"했기 때문이다.

고르바초프의 터무니없는 주장은 분명 우리에게 아무런 의미도 없다. 나는 반(反) 사회주의자인데 인류를 위한 더 나은 삶을 추구한다. (이는 내가 사회주의자가 아닌 이유도 된다.)

더 나아가, '가이사의 것은 가이사에게: 예수는 사회주의자였는가?(제6장 참조)'에서 설명했듯, 예수는 결코 힘이나 정치적 절차를 통한 부의 재분배를 지지하지 않았다. 그가 주장한 보살핌과 나눔은 모두 자발적이었다. 즉, 강압적으로 누군가의 주머니에서 꺼낸 것이 아니라 마음에서 우러나온 것이었다. 예수는 시기와 도둑질을 질책했고, 큰 수익을 얻기 위해 돈을 투자한 사람을 칭찬했다. 만약 예수가 사회주의자라면, 나는 토르케마다[2](Torquemada)다.

사회주의자들은 지적인 면에서 너무나 미끈거리는 미꾸라지 같아서 잘도 빠져 나간다. 잘 나갈 때는 사회주의다. 그런데 그것이 애초에는 사회주의가 아니었다. 문제가 생기면 지도자들 탓이고 사회주의가 아니다. 그런데 할 건 다 해놓고 정작 그건 아니었다고 우기는 형국이다. 사회주의체제

하에서 당신은 소를 죽일 것인가 아니면 마냥 젖을 짜는 중노동을 할 것인가? 내가 알기로 한 가지는 확실하다. 우유가 떨어지면, 사회주의자들은 소를 탓할 것이다. 사회주의자들이 개인의 책임을 좋아하지 않는 이유는 그들이 개인적으로 책임지는 것을 원하지 않기 때문이다.

옥스포드 사전은 – 이 사전의 모토는 "언어가 중요하다"이다 – 사회주의를 "사회 조직에 대한 정치적, 경제적 이론으로서, 생산수단, 분배, 교환이 공동체 전체의 소유이거나 규제를 받아야 한다"고 정의한다. 사전에 등재된 동의어는 다음과 같다. 좌익주의, 복지주의, 진보주의, 사회민주주의, 공산주의, 마르크스주의.

이제 사회주의가 무엇인지 대략적인 윤곽이 나온 듯 하다. 사전의 정의는 정확하다. 그렇지 않은가? 아니, 아직 멀었다. "생산수단, 분배, 교환이 공동체 전체의 소유이거나 규제를 받아야 한다"는 것이 무슨 뜻인가? 편의점은 어떤 제품을 진열할 지, 혹은 야간에 누구를 고용할 지 결정하려면 대중의 투표라도 받아야 한다는 것인가?

그리고 "공동체 전체의 규제를 받는다"는 것은 무슨 뜻일까? 마을 전체, 혹은 한 나라의 3억 2,500만 인구 전체가 규제 기관이 되는 것을 들어 본 적이 있는가? 그런 기관들은 결국 정치 권력을 가진 소수의 사람들로 만들어 지지 않나?

사전에서 사회주의라는 단어를 찾아보아도, 나는 여전히 머리를 긁적이며 "그래서 그게 뭐냐고?" 묻게 된다. 어쩌면 그것은 그저 상상일 수 있다. 시도는 하지만 절대로 이루어 지지 않더라도 그렇게 됐으면 하고 바라는 것. 아니면, 외설물 같은 것일 수 있다. 유명한 말이 있다. 대법원 판사 포터 스튜어트(Potter Stewart)는 외설물에 대해 정의를 내릴 수는 없지만 "보면 안다"고 말했다.

## 배타적 연대

내셔널 리뷰(National Review) 필진, 케빈 D. 윌리엄슨(Kevin D. Williamson)은 2015년 7월 '극소수를 위한 집단적 특혜[3](The Whitest Privilege)'라는 글에서 최근 내가 본 중에 이론적으로 가장 근접하게 사회주의를 설명했다.

> 민족주의와 인종차별주의처럼, 사회주의와 복지-국가통제주의는 연대를 호소하는 것에 근거한다. 필요하다면 폭력을 사용해서라도 강압적으로 만드는 연대 말이다. 이는 올바른 마음에서 우러나오는 호소나, 억압받는 자들이나 광범위한 공공의 선에 대한 우려와는 차원이 다르다. 오히려 그것은 배타적 연대이고, "정치적 통일체[4](body politic)"를 단순히 비유가 아니라 국가의 실질적 기술(記述)로 이해하는 미신적 개념이며, 단일한 유기체로서의 인민이다. 그것의 안위가 그 무엇보다도 중요하기 때문에 사유재산권, 이동의 자유, 언론의 자유, 연대의 자유같은 개인의 권리들은 해롭다고 인식되면 축소되거나 제거되어야 한다.

스웨덴, 노르웨이, 덴마크와 같이 제대로 작동되는 것처럼 보이는 사회주의 국가들은 사회주의 때문이 아니라 아직 망가지지 않은 자본주의 때문에 제대로 가고 있다. 사회주의를 전적으로 실현하면 베네수엘라가 된다. 그것이 더 악화되면, 북한이 된다.

## 사회주의는 강압적 힘과 같다

결국, 설득 대 힘으로 귀결된다. 다른 모든 것은 사소하다. 설명하자면 이렇다.

자본주의체제 하에서 두 명의 걸스카우트 소녀들이 당신의 집 앞에 나타나 "쿠키 좀 사실래요?"라고 묻는다. 당신은 응 또는 아니라고 말하면 된다.

사회주의체제 하에서는 두 명의 걸스카우트 소녀들이 무장 경찰들과 함께 당신의 집 앞에 나타난다. 그들은 이렇게 말한다. "당신은 이 맛없는 쿠키들을 먹을 것이고, 돈도 내겠다고 말할 것이다."

일부 사회주의자들은 자신들이 단순히 "공유"를 지지하고 있으며 사회주의 옹호자들은 좋은 의도를 가지고 있기 때문에 그것은 자발적이고 유익한 게 확실하다고 말한다. 하지만 절대 그렇지 않다. 만약 그것이 자발적이라면 사회주의가 아닐 것이고, 만약 그것이 유익하다면 당신은 그것을 만들고 유지하기 위해 강제적 힘이 필요하지 않을 것이다.

오늘날 사회주의 몽상가들은 마치 그들이 다른 우주에서 온 것 마냥 생각하고 행동한다. 19조 달러에 달하는 국가 부채는 연방 정부가 우리의 문제를 해결하는데 충분한 돈을 쓰지 않았다는 의미다. 조세를 통해 다른 사람들의 돈을 훔치는 것도 좋은 일에 쓴다면 괜찮다. 사람들은 공직에 선출되면 훨씬 더 정직하고 공정하며 유능하고 인정이 많아진다. 만약 당신이 고용주들에게 피고용자의 서비스 가치보다 더 많은 돈을 지불하도록 강요한다면, 그들은 어쨌거나 그들을 고용하고 그 손해를 감수할 것이다. 의도가 좋기 때문에 규제는 항상 좋은 결과를 낳는다. 문명 사회는 성공을 처벌하고 실패에는 보조금을 주기 때문에 발전하고 위대해진다. 그리고 자유와 자유로운 기업을 받아들이면 문명 사회는 무너진다. 각 개인은 무료 대학이나 산아 제한처럼 다른 사람에게 비용을 전가하고 싶은 것은 무엇이든 할 권리가 있다.

아마도 이 모든 헛소리는 근본적 결함 하나를 제대로 정의(定義) 내리지 못해서 비롯된 것일 수 있다. 만약 당신이 강압적 힘을 사용하여 사회를 만들어가는 것을 원하지 않는다면, 사회주의는 단지 모호한 환상일 뿐이다. 이는 하늘에 있는 거대한 칠판 같은 것이다. 마음대로 원하는 바를 쓸 수 있고, 난처한 상황이 생겼을 때 지우면 그만이다.

강압적 힘이든, 모호한 환상이든, 나는 그것을 일절 원하지 않지만, 그것은 항상 나의 일부를 원하는 것 같다.

## 03

# 눈보라인가 아니면, 눈송이인가?

로렌스 W. 리드(Lawrence W. Reed)

우리가 인간 사회를 보고, 연구하고, 처방할 때 사용할 수 있는 두 가지 기본적인 프리즘이 있다. 바로 개인주의와 집단주의다. 이 두 세계관은 천양지차이고 사회과학을 극과 극으로 양분한다. 왜냐하면 당신이 세계를 바라보는 관점에 따라 당신의 생각이 나아가는 지적 경로가 정해지기 때문이다.

## 같은 것은 하나도 없다

나는 그것을 눈보라와 눈송이의 차이라고 생각한다. 집단주의자는 인류를 눈보라로 보는데, 가까이 들여다 보아도 역시 눈보라일 뿐이다. 개인주의자 역시 그 눈보라를 보는데, 그 속의 눈송이 하나하나가 독특하다는 것을 즉시 알아 차린다. 그 차이는 심오한 의미를 담고 있다.

그 어떤 눈보라도 똑같지 않지만, 훨씬 더 놀라운 사실은 똑같은 눈송이도 없다는 것이다. 이는 힘난한 연구과정을 통해 알게 된 사실이다. 최초의 눈송이 사진작가로 알려진, 버몬트 주(州) 제리코의 윌슨 앨윈 벤틀리(Wilson Alwyn Bently)는 아직 녹지 않은 눈송이들을 검은 벨벳 위에서 사진으로 담는 과정을 1885년에 개발했다. 그는 약 5,000장의 사진을 찍었고 똑같은 사진을 단 하나도 발견하지 못했다. 그 이후로 어느 누구도 똑같은 사진은 발견하지 못했다. 과학자들은 습도, 온도, 눈송이가 만들어지고 떨어질 때 조건들이 달라지면서 그 어떤 눈송이도 정확하게 복제될 가능성이 거의 없다고 한다. (아이러니하게도, 벤틀리는 1931년 눈보라 속에서 6마일을 걸은 후 폐렴으로 사망했다. 여기서 얻을 수 있는 교훈, 눈송이 하나는 무해할 수도 있지만, 수많은 눈송이는 치명적일 수 있다.)

이 사실을 깊이 음미해 본다면 당신은 눈보라(또는 인류)를 다시는 똑같다고 보지 않을 것이다.

앤 브래들리 박사(Dr. Anne Bradley)는 믿음, 근로, 경제를 위한 연구소(Institute for Faith, Work and Economics)의 경제기획부 부사장이다. 최근 플로리다와 나폴리에서 열린 경제교육재단(FEE) 세미나에서 그녀는 다음과 같이 설명했다.

> 멀리서 눈보라를 보면, 구별하기 힘든 하얀 점들이 하늘을 뒤덮고 있고, 서로 섞이는 것처럼 보입니다. 가까이 가서 살펴 보면, 각각의 눈송이가 얼마나 복잡하고 아름다우며 서로 다른지 볼 수 있죠. 이는 인간을 생각할 때 도움을 줍니다. 멀리서 보면, 한 무리의 사람들이 똑같아 보일 수도 있고, 우리가 비슷한 특징들을 가지고 있다는 것도 사실입니다. 그러나 우리는 보다 세밀한 관찰을 통해 우리가 보고 있는 것의 본질에 더 가까이 접근할 수 있다는 것을 압니다. 자세히 보면, 우리 개개인이 지구상의 어느 곳에서도 비교할 수 없는 독특한 기술, 재능, 야망, 특징 그리고 성향을 가지고 있다는 것이 드러납니다.

이 독특함은 우리가 정책 결정을 내리고 사회 전체에 대한 처방책을 내놓을 때 매우 중요하다. 우리들이 특정한 면에서는 동일하게 보일지 몰라도, 실제로는 정말 다르기 때문에, 어떤 점에서 우리의 동질성은 단지 부차적인 고려사항일 수 있다.

## 기본 고유성

「당신은 특별하다(You Are Extra-Ordinary)」와 「자유와 불평등: 개인적 자유의 생물학적 기초(Free and unequal: The Biological Basis of Individual Liberty)」의 저자인 고(故) 로저 J. 윌리엄스(Roger J. Williams)는 오스틴에 있는 텍사스 대학의 유명한 생화학 교수였다. 그는 지문이 우리 뇌, 신경 수용체, 순환계 등 우리 개개인에게 고유한 수많은 생물학적 특징 중 하나일 뿐이라고 주장했다.

이러한 사실들은 개인차에 대한 생물학적 기초를 제공한다. 아인슈타인은 수학에서는 매우 빠른 학생이었지만 말을 너무 느리게 배웠기 때문에 그의 부모는 그의 언어습득을 걱정했다. 윌리엄스는 40여 년도 더 전에 연구한 바를 이렇게 요약했다. "우리의 개성은 우리의 인간성만큼이나 무시할 수 없는 것이다. 사람들을 위한 계획을 세운다면, 우리는 개인을 위한 계획을 세워야 한다. 왜냐하면 그것이, 존재하는 유일한 종류의 사람들이기 때문이다."

한 걸음 더 나아가, 우리는 개인의 계획만 인식해야 한다. 집단이 "계획"(예를 들어, "국가가 전쟁에 나설 계획")을 한다고 할 때, 그 집단이란 다른 개인들을 위해 계획을 세우는 몇몇 특정한 개별적인 사람들로 좁혀진다. "미국은 아침식사로 무엇을 먹을까?"라는 집단주의자들의 질문에 대한 좋은 대답은 단 하나다. "아무것도 먹지 않는다. 하지만, 약 3억 1,500만 명의 미국인들이 종종 아침을 먹는다. 그들 중 상당수는 때때로 아침을 거른다. 그리고 어느 날이든 이 질문에 대한 대답은 서로 다른 3억 1,500만 개다."

집단주의적 사고는 그리 깊지도, 철저하지도 않다. 집단주의자들은 미스터 마구[5](Mr. Magoo)가 그랬던 것처럼 세상을 아주 흐릿하게 보고 있다. 그러나 미스터 마구와는 달리 그들은 재미가 없다. 그들은 집단 분쇄기에 우리 개개인들만의 고유한 특성들을 갈아 넣으면서 모든 사람들을 똑같이 만든다. 집단주의자들의 "마을 하나가 필요하다"는 사고방식은 사실, 특정한 사람들만 생각과 의견을 가지고 있을 때 무정형의 무리들에게 그 생각과 의견을 배정하는 것이다.

집단주의자들은 어디나 똑같이 적용되는 단 하나의 계획을 고안하고 그런 계획이 실제 사람들의 다양한 계획에 어떻게 영향을 미칠 지는 거의 신경 쓰지 않는다. 어떤 눈송이 하나는 집단주의자에게 별 의미가 없다. 왜냐하면 그는 눈송이들을 거의 보지 않기 때문이다. 그리고 어떤 경우에도 그 눈송이들을 완전히 무시한다. 왜냐하면 그것이 여러모로 활용도가 높기 때문이다. 집단주의자들은 대개 개인의 성취는 기념하려 하지 않는다. 오바마(Obama) 대통령의 말을 인용하자면, 그들은 "당신이 그것을 만들지 않았다"고 굳게 믿기 때문이다.

개인을 배제하면 무엇을 기획하든 간에 인간성도 배제된다. 이웃에게 개인적으로 얼굴을 맞대고 부담을 준다면 절대 하지 않을 일이겠지만, 모호한 "공공의 선"이라는 명목 아래 얼굴 없는 집단이 형체도 모호한 덩어리에게 시키는 것이라면 기꺼이 허락할 것이다. 절대 간과할 수 없는 사실은 이것이다. 우리는 교체될 수 없다. 기계 속의 톱니바퀴는 교체 가능하지만, 사람들은 단연코 그렇지 않다.

이런 사실에 별 감흥이 없다면, 1998년 드림웍스(DreamWorks) 애니메이션 영화인 〈개미(Antz)〉를 보라. 그 배경은 모든 개미들이 하나가 되어 순종해야 하는 개미 집단이다. 이는 실제로 매우 독특한 개성을 가진 폭군 개미들에게 매우 유리하다. 다른 이들을 약화시키는 집단주의자들의 사고방식은 드러머, 즉 자아에 맞추어 행진하고 궁극적으로 개인의 계획으로 식민지를 구하는 개미에 의해 흔들린다.

## 마르크스, 마더 테레사, 그리고 교훈들

칼 마르크스는 집단주의자였다. 마더 테레사(Mother Theresa)는 개인주의자였다. 한 명은 사람들을 덩어리로 취급했다. 다른 한 명은 사람들을 개인으로 대우했다. 그 명확한 이분법 속에 담긴 교훈은 아주 많다. 그리고 그것을 무시하면 대단히 위험한 상황이 발생한다.

만약 당신이 후자 쪽이라면, 당신은 철학자이자 역사가인 이사야 벌린(Isaiah Berlin)이 1958년에 쓴 글의 의미를 이해하게 된다. "하지만 사람들을 조종하고, 그들을 사회개혁가인 당신이 바라보는 목표, 그러나 그들은 아마도 보지 않는 목표로 밀어 붙이는 것은 그들의 인간 본질을 부인하고 자유의지가 없는 대상으로 그들을 대하는 것이므로 결국 그들을 타락시키는 것이다."

# 04

# 오믈렛은 어디에 있나?

로렌스 W. 리드(Lawrence W. Reed)

"달걀을 깨지 않고는 오믈렛을 만들 수 없다(On ne saurait faire une omelette sans casser des oeufs)."

1789년 시작된 프랑스 혁명 1년 후, 막시밀리앙 로베스피에르(Maximilian Robespierre)는 달걀을 깨지 않고는 오믈렛을 만들 수 없다며 끔찍한 프랑스 혁명을 반겼다. 지치지도 않고 다른 사람들의 삶을 계획했던 완벽한 국가 통제주의자로서 그는 혁명의 피비린내가 정점에 달했던 1793~1794년 공포정치의 설계자였다. 로베스피에르와 그의 단두대는 매혹적인 슬로건, '자유, 평등, 박애'를 내세우며 이상적인 사회를 만들기 위해 부질없는 노력을 하며 수없이 많은 달걀을 깼다.

그러나 안타깝게도, 로베스피에르는 단 하나의 오믈렛도 만들지 못했다. 1789년 이후 10년 동안 권력을 장악한 폭군들 중 그 누구도 단 하나의 오믈렛을 만들지 못했다. 그들은 프랑스를 도덕적, 정치적, 경제적 파멸로 몰고 갔으며 나폴레옹 보나파르트(Napoleon Bonaparte) 독재정권의 발판을 마련해 주었다.

  로베스피에르와 마찬가지로 레닌, 마오쩌둥(Mao Zedong), 폴 포트(Pol Pot), 아돌프 히틀러, 베니토 무솔리니(Benito Mussolini) 역시 달걀을 수없이 깨면서도 그 어떤 오믈렛도 만들지는 못했다.

  이러한 프랑스의 경험은 심란하게 친숙한 하나의 패턴을 보여준다. 그 패턴을 부르는 이름은 다양하다. 좌파, 유토피아 사회주의, 급진적 개입주의, 집산주의, 국가 통제주의. 그들의 비전인 "공익(公益)"에 부합하도록 사회를 재정비하려는 무모한 계획들로 역사는 엉망진창이 되었다. 그들은 계획을 실행하는 과정에서 사람들을 죽이거나 빈곤에 몰아 넣고, 결국에는 실패하고 만다. 사회주의의 마지막 묘비명은 다음과 같을 것이다. "잘난 체 하며 계란을 깨뜨리기에 바빴지만 오믈렛은 만들지도 못했던 오지랖만 넓은 이가 여기 잠들다."

  국가 통제주의 철학자들은 20세기 집산주의의 총체적인 실험을 "희망의 나라(Promised Land)"라고 크게 떠들어댔다. 스탈린이 통치하는 소련을 방문한 지식인, 링컨 스테픈즈(Lincoln Steffens)는 "나는 미래를 보았고, 그것이 현실화 되고 있다"고 말했다. 1984년 〈뉴요커(New Yorker)〉에서 존 케네스 갤브레이스(John Kenneth Galbraith)는 덜 효율적인 서구의 자본주의와 달리 사회주의체제는 인재들을 "완전히 활용"했기 때문에 비약적인 경제 성장을 이루고 있다고 주장했다.

  그러나 1997년에 발간된 846페이지 분량의 『공산주의 흑서(The Black Book of Communism)』는 공산주의 이데올로기가 "노동자들의 천국"에서 2천만 명의 목숨을 앗아갔을 것으로 추정했다. 이와 유사하게 보고서(The Black Book)는 다른 공산주의 국가들의 사망자 수를 다음과 같이 기록했다. 중국 450~720만 명, 캄보디아 130~230만 명, 북한 200만 명, 아프리카 170만 명, 아프가니스탄 150만 명, 베트남 100만 명, 동유럽 100만 명, 중남미 15만 명.

## 거대하고 무능력한 관료주의

또한, 이 살인적인 정권들은 모두 경제적으로 무능력했다. 그들은 경찰과 군대에 자원을 낭비했고, 방대하고 무능한 관료제도를 만들었으며, 다른 국가와 교역은 거의 하지 않았다. 그들은 경찰력을 제외한 어느 것도 "완전히 활용"하지 않았다. 전 세계 모든 공산주의 국가에서 한결 같은 패턴이 반복되고 있다. 수많은 달걀을 깼지만 오믈렛은 만들지 못했다. 그 어떤 예외도 없었다.

프리드리히 하이에크(Friedrich. A. Hayek)는 1944년 출판한 그의 명저, 『노예의 길(The Road to Serfdom)』에서 이 불가피한 결과에 대해 설명했다. 그는 개개인의 계획들을 중앙계획으로 일원화하면 그 말로(末路)는 재난과 독재라고 경고했다. 아무리 고상한 비전도 그것을 달성하기 위해 사용되는 폭력을 정당화 할 수 없다. "개인 윤리에서 최종 목적이 수단을 정당화한다는 원칙은 모든 도덕을 부인하는 것으로 간주된다. 그러나 집산주의 윤리에서 그것은 반드시 우선시 되어야 할 규칙이다"라고 하이에크는 말했다.

덜 급진적인 식자층들은 최악의 국가 통제주의자들이 저지른 극악무도한 범죄들을 좋은 의도를 가진 사람들이 좋은 결과를 낳으려다 "선을 넘은 것"으로 축소하거나 대수롭지 않게 여긴다. 이 같은 옹호자들은 철권 통치를 거부하며, 국가가 유연하게 평등주의와 집산주의적 목표를 달성 할 수 있다고 주장한다.

그러나 스웨덴의 "중도", 유고슬라비아의 "노동자 사회주의" 또는 영국의 점진주의의 결과 역시 마찬가지다. 달걀을 깼지만 오믈렛은 만들 수 없었다.

국가 통제주의자들이 어떻게 자신들의 소행을 끊임없이 '개혁'하는지 아는가? 교육 개혁, 의료 개혁, 복지 개혁, 세금 개혁, 그들이 항상 '개혁'에 바쁘다는 사실 자체가 지금까지 원하는 결과를 제대로 얻지 못했다는 암묵적인 인정이다.

그 목록이 끝도 없이 길다. 캐나다 의료 서비스, 유럽 복지주의, 아르헨티나 페론주의, 아프리카 탈식민지 사회주의, 쿠바 공산주의 등등 무한하다. 국가 통제주의적 자극이 오믈렛을 만든 곳은 세계 그 어디에도 없다. 어디든 국가 통제주의적 자극이 만들어내는 결과는 동일하다. 달걀을 깨고 열을 가하고 휘젓는다. 사람들의 상황은 이전보다 더 악화되고 궁핍해지며, 사람들은 돌파구를 찾아 나선다. 경제는 망가지고, 자유는 사라진다.

국가 통제주의자들이 보여줄 만한 성공적인 모델이 없다는 것은 명백하다. 그들의 요리책에는 오믈렛 레시피가 없다. 자유를 믿는 우리들은 그렇지 않다. 경제학자 제임스 과트니(James Gwartney), 로버트 로슨(Robert Lawson), 월터 블록(Walter Block)은 '1975~1995년 전세계 경제자유' 보고서에서 자신들의 연구 결과를 다음과 같이 발표했다.

"20년 동안 지속적으로 경제자유지수가 높으면서 높은 소득 달성에 실패한 나라는 없었다. 대조적으로, 지속적으로 낮은 경제자유지수를 유지하면서 중산층 소득을 달성한 나라는 없었다 …… 경제자유지수가 가장 많이 증가한 국가는 이 기간 동안 괄목할 만한 경제성장률을 보였다."

150년 전 프랑스 경제학자이자 정치가, 프레데릭 바스티아(Frédéric Bastiat)보다 이 모든 것에 대해 더 잘 설명할 수 있는 사람은 아마 없을 것이다.

"국회의원들과 개혁가들은 사회에 쓸데없는 제도를 너무 많이 만들었다. 이제는 원래 시작점이어야 했던 곳으로 돌아가는 것으로 끝내기를 바란다. 모든 제도를 거부하고 자유를 시도하기 바란다. 왜냐하면 자유는 하나님과 그의 작품에 대한 믿음을 인정하는 것이기 때문이다."

# 05

# 사회주의는 독재자가 필요하다

리차드 M. 이벨링(Richard M. Ebeling)

생산수단과 그 결과물인 생산물을 공유하는 공산주의 사상은 고대 그리스와 플라톤의 이상국가 구상만큼이나 그 역사가 깊다. 수호자 계급(군인, 관료)이 모두 공동으로 생활하고 일하는 플라톤의 이상국가는 사회제도의 급진적인 변화가 인간을 사리사욕을 추구하는 존재에서 사회 전체의 필요에 이타적으로 봉사하는 존재로 변모시킬 것이라는 전제를 바탕으로 한다.

이는 고전적 자유주의자와 사회주의자가 인간을 이해하는 시각의 근본적인 차이를 부각시킨다. 인간은 다면적이면서 복잡할 수는 있지만, 어떤 특질이나 자질로 못박을 수 없는 기본적이고 변함없는 본성을 가지고 있는가? 아니면 완전히 다른 사회적 배경과 제도 속에 놓여지면 마치 조각가의 손에 들려진 진흙과도 같이 재탄생될 수 있는 가변적인 실체인가?

고전적 자유주의자들은 전자, 즉 인간은 기본적으로 타고난다고 주장했다. 상당히 합리적이고 자신의 이익을 추구하는 존재이며 스스로 판단하여 개인적인 향상과 개선이라는 목적으로 이끌린다. 인도적이고 번영하는 사회를 만들려면, 변함없는 인간의 본성이 그저 개인적 약탈의 도구로 전락하지 않고 인류 전체의 개선을 위해 나아가도록 변함없는 인간 본성의 특성을 잘 활용하는 정치적 및 경제적 제도 구축에 대한 고민이 필요하다.

고전적 자유주의자들의 해답은 개방적이고 자유로우며 경쟁하는 시장질서를 가진 애덤 스미스(Adam Smith)의 자유시장 경제제도다.

18세기 말 및 19세기에 들어서면서 사회주의 운동을 펼친 이들은 정반대의 논리를 주장했다. 사람이 이기적이고 탐욕스러우며 무정하고 다른 사람의 형편에 둔감하다면 그것은 사유재산 및 시장 기반 제도에서 비롯된 인간 관계 때문이다. 그러므로, 인류가 살아가고 노동하는 제도적 질서를 바꾸면 "새로운 인간"을 창조할 수 있다는 것이다.

그들은 인간의 궁극적인 사회적 이상을 주창했다. 개인이, 아마도 사회의 다른 이들을 희생하면서, 자신만의 안락한 환경을 추구하기 보다 사회 전체 및 집단을 위해 살고 일할 수 있는 세상을 언급했다. 사회주의는 이타주의 윤리를 예고했다.

이에 관심이 있다면 집산주의를 옹호하는 사람들의 방대한 사회주의 관련 서적들을 참고하면 좋을 것이다. 그들 중 어떤 이들은 좀 더 목가적인 농촌의 낙원을 그리워했다. 어떤 이들은 기계의 생산성이 사실상 인간의 생산성을 따라잡는 산업의 미래를 그렸다. 칼 마르크스의 청사진에 따르면, 자원 희소성을 극복한 공산주의 지상낙원의 도래로 모든 노동과 걱정에서 해방된 인류는 자유롭게 아침에는 사냥을 하고 오후에는 낚시를 하며 불가에 둘러앉아 공산주의 동료들과 사회주의 철학을 논할 것이다.[6]

## 인간의 본성을 억누르려면 "프롤레타리아 독재"가 필요하다

그러나 곧 도래할 지상낙원의 핵심 구상은 사람의 본성이 어떻게든 변할 수 있으며, 변해야만 한다는 것을 전제로 한다. 사실, 자본주의가 막을 내린 이후에 펼쳐질 사회주의 사회의 제도와 운용에 대해 칼 마르크스는 별다른 언급이 없었다. 그러나 1875년 완강히 반대하던 라이벌 사회주의 집단의 정책 의제에 대한 자신의 의견을 밝힌 '고타 강령 비판(Critique of the Gotha Program)'에 마르크스의 생각이 드러나 있다.

마르크스가 설명하길, 자본주의체제가 전복된 이후라도 이전 체제의 잔재가 새로운 사회주의 사회에 스며들어 있을 수 있다는 것이 딜레마다. 첫째, 이제는 폐기된 자본주의 제도의 인적 잔재들이 남아 있을 것이다. 그들 중에는 자신의 부당한 이익을 위해 노동자들을 착취하는 제도를 회복하려는 이들도 있을 것이다. 자본주의체제 하에서 착취당하기만 했던 "노동자 계급" 역시 "허위의식"에서 벗어나긴 했지만 사리사욕과 개인적 이득이라는 자본주의적 심리가 여전히 남아 있다는 사실 또한 문제가 될 것이다.

그러므로 "대중"을 밝고 아름다운 공산주의의 미래로 이끌어갈 헌신되고 확신에 찬 사회주의자들이 "혁명의 선봉"에 서서 권력을 잡아야만 한다. 그것을 위한 제도적 수단이 바로 "프롤레타리아 독재"라고 마르크스는 말했다.

다시 말해서, 대중, 즉 노동자들은 태어나면서부터 계속 뇌리에 깊이 각인된 개인주의와 자본주의 사고방식에서 완전히 벗어날 때까지 과거의 자본주의 허위의식으로부터 이미 해방된, 자칭 정치 엘리트들로부터 "재교육"을 받아야만 한다. 이제 도래할 새로운 사회주의 시대의 자유라는 미명 아래, 인류 앞에 놓여진 완전한 공산주의를 준비하기 위해, 인간이 생각하고, 행동하고, 어울려야 하는 방식을 잘 알고 있는 이들이 독재 정권을 만들어야 한다.

동시에, 그 독재 정권은, 이제 공동 소유가 되어 버린 자신의 소유를 다시 되찾고자 하는 자본주의 착취자들의 그 어떤 시도도 진압해야 할 뿐만 아니라, 자신의 개인적인 이익을 추구하는 자유가 도덕적으로 옳은 이유라든가, 아니면 사유재산이 노동자를 포함한 사회 구성원 모두의 생활 향상에 기여한다든가, 아니면 자유라는 것이 언론, 표현, 종교, 민주적 투표의 "부르주아" 자유를 의미한다는 식의 기만이나 거짓을 발설하지 못하도록 과거 자본주의자들의 입도 틀어막아야 한다. 대중은 자유란 생산수단을 공동 소유하고 그 활용 방식도 공동 결정하는 것이며 사회주의 혁명 전위들이 진리라고 말하는 것을 의미한다는 '진정한' 의식을 접하고 내면화해야 한다.

이는 지난 100년이 넘는 세월 동안 마르크스에게서 영감을 받은 혁명 정부 그 어디에서도 왜 "프롤레타리아 독재"라는 사회주의 단계가 끝날 수 없었는지 말해준다. 인간의 본성은 밀랍처럼 새로운 형태와 내용물로 재탄생되지 않는다. 보편적으로 인간은 이타적이고 사심이 없는 본성이 내재되어 있는 것 같지는 않다. 그러므로 사익 추구는 항상 인간 행동의 수면 위로 떠오를 수 밖에 없고, 만약 그것이 윤리적으로 마땅치 않다면, 이를 계속 억누르고 소멸시키기 위한 정치 권력이 있어야 한다.

게다가, 전 세계 어디든 적대적 자본주의자들이 있는 한, 이미 사회주의 사회에서 살고 있는 운 좋은 노동자들이 인민 집단낙원 외부에서 스며 들어오는 자본주의 사상에 재감염되지 않도록 하기 위해서 프롤레타리아 독재는 사회주의 국가에서도 유지되어야 한다. 이런 이유로, 전 세계 공산주의 국가들은 혁명 전위가 통치하는 '인민'의 이름으로 검열과 사상 통제의 "철의 장막"이 드리워 있었다.

## 사회주의 중앙계획경제는 사람들에게 명령하는 것이다

생산수단의 사회화로 개인 기업들이 폐지되고 사회주의 정부의 통제와 지시를 받게 되면, 중앙계획경제가 필수다. 가격 경쟁 제도에 따라 소비자들을 만족시키기 위해 개인이 운영하는 영리 추구 사기업이 없다면, 누군가는 무엇이 어디에서, 언제, 어떤 목적과 쓰임으로 생산될지를 결정해야 한다.

생산수단을 집단화하면, 사회 전체의 유익을 위해 생산수단 사용을 설계 및 실행하며 사회 모든 구성원들에게 일을 할당하는 중앙계획경제가 필요하다. 이는 목재와 철강을 사회주의 사회의 적재 적소에 배치할 뿐만 아니라 사람도 배치해야 한다는 의미다. 그런 이유로, 20세기 공산주의에서 중앙계획경제부처는 누가 어떤 기술을 배우고 익힐 것이며 또 어디서 어떤 일을 할 것인가도 결정했다.

국가는 당신을 교육시키고 일자리를 주는 유일한 고용인이기 때문에 당신의 생활 터전 역시 결정할 것이다. 단지 도시나 마을뿐만 아니라 정부 소유의 어떤 집이 당신의 거주지가 될 것인지 까지 말이다. 오락 시설, 휴식과 휴가 공간, 생산될 소비재의 종류와 그것이 분배될 장소와 사람까지, 이 모든 것들을 프롤레타리아 독재 명령에 따라 사회주의 중앙 계획자들이 결정했다.

일상의 단 한 자락도 – 삶의 형태, 내용, 질, 특징들 – 모든 권력을 쥐고 모든 것을 아우르는 사회주의 국가의 통제와 결정으로부터 자유롭지 못했다. 이 모든 설계와 의도된 실행이 진정한 "전체주의"이었다. "국가의 모든 것, 무엇도 국가에 반대할 수 없고, 국가 밖에서는 아무 것도 의미 없는 것"이라는 의미의 "전체주의" 용어를 만들어낸 사람은 파시즘의 아버지, 베니토 무솔리니였을지 모른다. 그러나 지난 세기 동안 블라디미르 레닌이 세웠고 조세프 스탈린과 그의 후계자들이 소름 끼치게 제도화시킨 소련을 모델로 세워진 공산주의 국가들만큼 전체주의가 끈질기게 구석구석 침투하여 사람을 억압한 곳은 없었다.

# 06

# 왜 불가능할까?

리차드 M. 이벨링(Richard M. Ebeling)

 19세기 사회주의 비판자들은 집산주의 사회 건설을 반대하며 두 가지 주장을 했다. 첫째, 전면적인 사회주의 정권 아래에서 평범한 시민들은 상상할 수 있는 모든 폭정의 최악의 상황에 직면하게 될 것이라고 경고했다. 모든 생산수단이 정부에게 집중되는 세상에서 개인은 그들의 존재 자체를 정치적 권위에 완전히 그리고 불가피하게 의존하게 될 것이다.
 사회주의 국가는 고용과 생활 필수품을 독점적으로 공급하게 될 것이다. 그렇게 전권을 휘두르는 국가에 대항하거나 불복종하면 정치 권력자들을 비난했다는 이유만으로 물질적 어려움을 겪을 수 밖에 없다. 또한, 일원화된 통제란 모든 독립적인 지적 및 문화적 추구의 종말을 의미한다. 어떤 형태의 출판, 예술 및 과학 연구의 허용 여부는 사회 자원을 배분하는 권한을 가진 자의 재량에 의해 전적으로 결정된다. 인간의 마음과 물질적 행복은 사회주의 국가의 계획경제를 지휘하는 중앙정부의 통제와 변덕에 의해 좌지우지 될 것이다.
 둘째, 19세기 반(反) 사회주의자들은 생산수단의 사회화가 사유재산제도 하에서 필연적으로 존재하는 노동과 보상 사이의 밀접한 관계를 약화시키고 그 기반을 해할 것이라고 주장했다. 온갖 정성을 다하여 힘들게 수확한 농작물을 언제든지 빼앗길 수 있다는 것을 알고 그것을 두려워하는 사람이 땅을 고르고 씨를 뿌리며 농사를 지어야 할 이유가 무엇일까?

마찬가지로, 사회주의체제 하에서는 더 많이 노력해 보았자 그 어떤 직접적인 이익도 기대할 수 없을 것이다. 시장경제의 보상과는 달리, 중앙정부가 노동자의 노력과 무관하게 "공평한 몫"을 나누어 줄 것이기 때문이다. 결국, 도래할 사회주의 사회의 "새로운 인간"이란 무관심과 게으름에 갇히게 된다. 미래의 집산주의적 유토피아에서는 생산성, 혁신, 창의성이 엄청나게 줄어들 것이다.

1917년 러시아 공산주의 혁명으로 시작된 20세기 사회주의 경험은 19세기 비판자들이 옳았다는 것을 입증했다. 개인의 자유와 전통적으로 모든 시민들이 누렸던 자유들이 중앙집권 정부 하에서 짓밟혔다. 게다가 사회주의 노동 윤리는 소련 전역에 널리 악명 높았던 말로 정확히 포착될 수 있었다. "그들은 우리에게 돈을 지불하는 척하고 우리는 일하는 척한다"

사회주의 옹호자들의 반응은, 레닌과 스탈린의 러시아, 히틀러의 국가사회주의 독일, 그리고 마오쩌둥의 중공은 "진정한" 사회주의가 아니라는 것이다. 진정한 사회주의 사회라면 절대로 자유가 위축되지 않을 것이고, 오히려 더 자유로울 것이다. 그러므로 노동자 천국을 세우는데 왜곡이 있다고 여겨지는 실험으로 사회주의를 판단하는 것은 불공평했다. 게다가, 진정한 사회주의라면 인간의 본성은 바뀔 것이고 사람들은 사익이 아니라 공익을 도모하려는 이타적 욕구가 생긴다는 것이 그들의 주장이다.

1920년대와 1940년대에 걸쳐 가장 주목받았던 오스트리아학파 경제학자 루트비히 폰 미제스(Ludwig von Mises)와 프리드리히 하이에크는 사회주의에 반대하는 독창적인 논쟁들을 각각 내놓았다. 그들은 논의의 편의를 위해 권력을 남용하고자 하는 의지도 없고 자유를 짓밟거나 파괴할 생각도 없는 사람이 사회주의 사회를 이끌 수도 있고, 더 나아가 사회주의체제 하에서도 시장경제 사유재산체제와 마찬가지로 사람들이 일 할 동기를 가질 수도 있다고 전제했다.

하지만, 설령 그런 전제가 있다 하더라도 미제스와 하이에크는 전면적인 사회주의 계획경제가 경제적 혼란만 초래할 것을 증명했다. 20세기까지 사회주의는 생산수단의 사유화 폐지를 의미했고 토지, 자본, 노동력을 얻기 위한 기업가들의 시장경쟁의 종결을 의미했다. 즉, 임금을 포함한 생산요소 및 완성품의 시장가격을 말살하는 것이다.

그러나 경쟁적으로 생성되는 시장가격제도가 없다면, 합리적인 경제적 계산(economic calculation)을 통해 최저 비용의 생산과정이나 소비자의 요구를 가장 잘 충족시키는 대체 상품과 서비스 생산의 상대적 수익성을 결정할 방법이 없다고 미제스는 주장했다. 어떤 상품을 생산하는데 기술적으로 가장 효율적인 방법은 정할 수 있을지 몰라도, 그 특정한 생산방법이 경제적으로도 가장 효율적인지는 알 수가 없다.

이를 미제스는 다양한 방식으로 설명했지만 우리는 산을 통과하는 철도 건설 계획에 대해 생각해보면 쉽게 이해할 수 있다. 철도 터널의 안쪽을 내구성이 강한 재료인 백금으로 만들어야 할까? 아니면 철근 콘크리트로 만들어야 할까? 그 질문에 대한 대답은 두 재료가 다른 용도로 쓰일 때 어떤 가치를 가지느냐에 달려 있다. 그리고 이것은 사람들이 시장에서 수요와 용도를 고려하여 이 자원에 대해 얼마만큼의 비용을 기꺼이 지불할 의사가 있는지를 알아야만 결정할 수 있다.

## 사람들의 가치 평가는 가격 속에 다 들어 있다

자유로운 시장에서 기업가들은 토지, 자본, 자원 및 노동에 대해 지불할 의사가 있는 가격을 통해 수요를 표현한다. 기업가는 수요와 가격에 대한 기대에 따라 생산요소의 가격을 결정한다. 그런데 기업가가 고려하는 가격이란 그 생산요소를 가지고 생산할 수 있는 재화와 서비스에 대해 소비자들이 기꺼이 지불하고자 하는 가치이다. 최종 시장가격은 완제품의 가치와 기회비용, 희소자원, 자본 및 사회 노동에 관한 수백만의 소비자와 생산자의 추정치에 기인하여 결정된다.

그러나 사회주의 계획경제에서는 이러한 가치와 기회비용을 알 수 있는 제도적 메커니즘이 존재하지 않는다. 생산수단의 개인 소유가 불가능한 상태에서는 자원의 구매도, 인력의 고용도 불가능하다. 그 자원이나 인력이 대체 사용되었을 때와 비교해 어떤 가치를 가지는지 표현되는 입찰이나 고용 제안은 없다. 그리고 입찰이나 고용 제안이 없다면 교환도 없다. 교환을 통해서만 상대적 가격이 있는 시장구조가 나타난다. 그러므로 "사회주의 계획은 모든 경제적 합리성의 종말을 의미한다"고 미제스는 말했다. 경제적 합리성이 있어야 사회 구성원들이 바라는 재화와 서비스를 생산하기 위해 생산수단을 경제적인 관점에서 합리적으로 사용한다.

소비자의 수요, 자원과 노동력의 공급, 그리고 기술 지식이 지속적으로 변화한다는 것을 고려하면 사회주의 계획경제는 무엇이 생산되어야 할 지 그리고 어떤 것이 가장 효과적인지를 결정하기 위한 경제적 계산을 하지 못한다.

미제스와 하이에크도 사회주의 사회가 존재하고 심지어 장기적으로 지속될 수 있다는 것을 결코 부정하지 않았다. 사실 미제스는 전 세계에 사회주의 국가가 일부만 존재할 때는 중앙계획경제가 경쟁적인 자본주의 국가들의 시장가격을 모방하여 일종의 대안적인 가격제도를 가질 수 있다고 강조했다. 그러나 사회주의 사회가 자본주의 사회의 수요와 공급 조건까지 그대로 모방하는 것이 아니기 때문에 대안적인 가격제도는 그저 대략적인 가치에 불과하다.

사회주의자들뿐만 아니라 심지어 미제스를 비판하는 일부 친(親) 시장주의자들까지 때때로 사회주의가 "불가능"하다는 그의 극단적인 표현을 조롱하였다. 그러나 미제스는 "불가능"이란 표현을 통해 전면적인 계획경제가 경쟁적인 시장경제와 동일한 수준과 수량의 재화와 서비스를 생산해 내는 것을 넘어서 오히려 그것을 능가할 것이라는 19세기, 20세기 초 사회주의자들의 주장을 반박하려는 것뿐이었다. 사회주의는 사회주의자들이 약속했던 물질적 천국을 지구상에 만들 수 없었다. 그들이 선언한 목적(자본주의보다 더 큰 물질적 번영)을 이루기 위해 제안한 제도적 수단(중앙계획경제)은 그들이 이루겠다고 공공연히 말하던 것과는 근본적으로 반대되는 결과를 초래한다.

또한 사회주의 사회에서는 민간 기업가가 소비자를 중심으로 하는 경제활동이 없다고 미제스는 강조했다. 시장경제에서는 생산수단이 소비자를 위해 사용되는 경우에만 이익을 얻을 수 있다. 따라서 기업가는 자신의 이익을 위해 소비자층이 있는 사업을 포착하려는 경쟁자들과 비교하면서 가장 효율적으로 그들의 지식, 능력, 시장 전망을 사용하게 된다.

물론 인센티브가 기업가에게 동기 부여를 한다. 경쟁사들보다 더 잘하지 못하면 당연히 수입이 줄어들 것이고 결국에는 사업에서 도태될 지도 모른다. 그러나 민간 기업가가 경쟁적인 가격 네트워크가 있는 시장질서 안에서 사업을 할 수 없다면 중앙경제 계획자만큼이나 "계기판만 보고 비행하는" 무모한 행동을 하게 될 것이다.

그러므로 미제스와 같은 오스트리아학파 경제학자들에게 경제적 계산은 사회주의 계획경제가 자유시장경제의 실행 가능한 대안인지 여부를 판단하는 기준이 된다. 시장가격이 없다면 다양한 수요, 지역 특화된 지식 및 개별 환경에 대한 평가를 통해 개별 소비자와 생산자에 대한 경제적 계산이나 사회적 조정이 있을 수 없다.

## 중앙계획경제 vs 합리적인 계획

시장가격제도는 자원을 효율적으로 사용하는 합리성과 사회의 노동분업에 방향성을 제공해 준다. 그래서, 사람들은 가지고 있는 생산수단을 다양한 목적에 부합하도록 제대로 사용할 수 있다. 중앙계획경제는 중앙정부와 사회 구성원 모두에게 합리적 계획의 종결을 의미한다. 왜냐하면 가격제도를 폐지하면 길을 인도해 주는 경제적 계산이라는 나침반이 사라지기 때문이다.

예를 들어, 집산주의에 대한 오래된 비판들이 소련에서 입증되었다. 그 전체주의 국가는 잔혹하고 악랄하며 살인적인 독재국가를 만들어냈다. 그리고 사유재산 폐지는 인센티브가 약화되고 종종 왜곡되는 결과를 초래했다. 개인은 공산당 당원이 되고 관료제도 안에 한 자리를 차지해야만 부, 지위, 권력에 다가갈 수 있었다.

실제로, 공산주의 국가의 통치자들은 통치받는 사람들의 물질적 및 문화적 향상보다는 다른 목적들을 가지고 있었다. 그들은 다양한 이데올로기적 목표뿐만 아니라 개인의 힘과 특권을 추구했다. 그들은 실제 수요 또는 희소성과 아무런 관련 없이 소비재와 자원의 가격을 인위적으로 책정했다. 결과적으로, 자원의 활용이 너무 잘못되어서 소련의 모든 제조업과 산업은 시장지향의 서구경제와 비교할 수도 없을 정도로 생산 단위당 훨씬 더 많은 원자재와 노동시간을 소모해 버렸다.

소련 경제의 혼돈의 중심에는 실질적인 가격체계의 결여가, 그리고 그로 인한 경제적 계산 방법의 부재가 있었다. 소련에는 진정한 가격체계가 존재할 수 없었다. 왜냐하면 가격체계라는 것은 소련 통치의 기반인 제도, 즉 생산에 대한 정부통제와 중앙계획이라는 사회주의 체계 기반에 완전히 역행하기 때문이다. 그리고 그들은 서구 국가들과 비슷한 수준의 인위적인 가격 네트워크를 설정할 수 없었다. 왜냐하면 계획경제와 유통 과정 전반에 문제가 있다는 것을 그들도 너무 잘 알고 있었기 때문이다.

따라서 실제 가격체계의 부족으로 인한 중앙계획경제제도 자체의 비합리성이 있었고, 소련의 일반 국민들은 공식적인 경제에서 근면하고 창의적일 이유가 사라졌으며, 특정 개인의 이익을 위해 사회 전체의 이익을 완전히 무시했던 정치 제도에는 왜곡된 동기만이 남아 있었다. 소련의 중앙경제 계획자는 소비자 만족이 아닌 다른 것을 추구했기 때문에 체제의 왜곡은 한층 깊어졌다. 소련이 붕괴되고 러시아에 제한된 시장경제가 출현한 후, 사회주의체제 하에서 자원의 사용이 얼마나 잘못되었고 비효율적이었는지가 더욱 명백해졌다.

## 문명 사회의 종말

미제스는 사회주의 계획경제 반대 논쟁을 벌이면서 종종 집산주의 길이 펼쳐진다면 문명 사회는 끝이라고 경고하는 논리를 펼치곤 했다. 미제스의 두려움이 걷잡을 수 없이 커져만 갔던 1930~1940년대, 나치 독일과 스탈린 통치 하의 소련의 잔인함과 폭력적인 독재를 감안한다면, 이 무서운 경고는 결코 그만이 주장했던 것은 아니었다.

그러나 미제스의 보다 근본적인 주장은 사회주의체제의 본질 자체가 서구 사람들이 지난 100년 동안 당연하게 여겼던 경제와 문화적 복지 기준을 위협했다는 것이다. 날이 갈수록 사회주의체제는 그 이전의 시장사회와 멀어질 것이다. 자원 배분, 자본 활용, 노동력의 고용은 이전과 다른 새로운 용도로 수정되고 달라져야 할 것이다. 최소한, "노동자 국가"의 "우선순위"는 이익 지향적이고 분산된 의사결정체제의 우선 순위와는 달라야 할 것이다. 새로운 국립병원을 특정 위치에 지어야 할까, 아니면 한정된 자원을 다른 지역에 공공주택 단지를 짓는 데 할당해야 할까? 특정 지역의 땅이 새로운 "시민들의 오락시설"로 사용되어야 할까, 아니면 새로운 산업공장의 부지가 되어야 할까?

새로운 주택 단지를 건설한다면, 벽돌과 모르타르로 지어야 할까, 아니면 철근과 유리로 지어야 할까? 과학자들을 새로운 암 연구에 투입해야 할까, 아니면 더 맛있고 오래가는 껌 개발에 배치해야 할까? 종교 서적을 더 많이 만들 수 있는, 혹은 농업 생산성을 증대할 수 있는 여러 종류의 기계를 만들기 위해 다양한 자원들을 분배할 때, 더 가치 있게 사용한다는 기준이 뭐란 말인가? 새로운 기술 아이디어가(초기 구상대로 된다고 가정했을 때) 수년이 지나야 수익이 날 수도 있다면, 시간, 자원 그리고 노동을 투자할 만한 가치가 있을까?

의사결정을 할 수 있도록 정보와 신호를 제공하는 완제품 및 생산요소의 가격이 없다면, 시간이 지날수록 그러한 결정은 더 짙은 암흑 속에서 이루어질 수 밖에 없을 것이다. 육분의나 나침반이 발명되기 전 고대의 항해자와 유사할 것이다. 익숙한 땅을 벗어나 방향도 알지 못하고 선택한 항로의 끝도 알지 못한 채 미지의 바다로 나아갈 뿐이다. 미지의 바다를 탐험하는 것보다 해안가에 머무르는 것이 더 나을 수 있다. 구름 덮인 하늘 아래 펼쳐져 있는 바다로 나아간 이상 어디로 가게 될지, 최단 및 회선의 경로를 선택한 것인지, 모든 것이 불확실하다.

이런 이유로 미제스는 경제적 계산을 "노동 분업의 사회 체제 하에서 길잡이 별이라고 언급했고, 생산을 시작하는 사람에게 나침반과 같다"고 말했다. 따라서 사회주의 국가의 통치자가 정말 어질고 국민들의 복지만을 생각한다 해도, 경제적 계산 없는 집산주의 사회는 미제스의 책 제목과 같이 『계획된 혼돈(Planned Chaos)』에 직면할 것이다.

그러므로 사회주의 계획경제제도를 전면적으로 도입하는 것은 사유재산제와 시장경쟁 덕분에 가격제도를 통해 합리적인 의사결정을 할 수 있었던 시기 이전으로 거슬러 올라가는 것과 같다.

다행스럽게도, 20세기에 사회주의를 실현하려 했던 시도는 너무나 깊은 인상을 남겨서 시장경제를 근본적으로 폐지하려는 획기적인 시도는 당분간 없을 것 같다. 현 시대의 문제는 정부의 규제, 개입, 재분배, 수많은 통제 때문에 시장과 가격체계가 자유로운 사회에서 당연히 해야 하는 기능, 또 할 수 있는 만큼의 기능을 제대로 할 수 없다는 것이다.

# 제2장

# 왜 사회주의에 끌리는가?

역사의 표면에 나타나는 가시적인 변화에 대한 어떠한 설명도 그것이 인간의 영혼 깊숙한 곳에서 일어나는 불가사의하고 잠재적인 변화를 건드리지 않는 한, 피상적일 뿐이다.

- 오르테가 이 가세트 -

# 07

# 의지만 있다면

에드문드 A. 오피츠(Edmund A. Opitz)

선한 사람이라면 누구나 지구의 평화를 갈망하고 인간사에서 정의와 공정함을 추구한다. 이러한 목표를 주장하는 것이 다른 사람들과 구분되는 사회주의자만의 특징이 아니다. 오히려 차별점은 그러한 목표를 달성하는 그들만의 방법에 있다.

사회주의 질서를 유지하는 데 피할 수 없는 것이 강압적인 사회의 구성이다. 그렇기에 다수의 삶은 정치적 권력을 휘두르는 소수의 사람들에 의해 계획되고 관리된다. 왜 수많은 이상적이고도 지적인 사람들마저 이런 계획이 매력적이라고 생각하는가? 이는 반복되는 질문이다. 자유를 이해하는 사람들에게 자유의 모든 면면은 너무나 자연스럽고 옳아 보이기에 왜 사회주의나 공산주의를 지지하며 자유를 거부하는 사람이 있는지 궁금하지 않을 수 없다. 하지만 수많은 사람들이 사회주의나 공산주의를 지지하는 게 현실이다.

20세기에 좌파들과 "진보적(progressive)" 이념에 굴복하는 국가들이 연이어 나타났다. 모스크바나 베이징의 마르크스주의는 전세계 수억 명 사람들의 공식적인 신념으로 자리잡았다. 셀 수 없이 많은 사람들이 마르크스주의는 거부할 지 몰라도 "진보주의(liberal)" 이념은 받아들인다. 그들은 국가

계획, 주요 산업에 대한 정부 규제, 공공사업, 복지주의를 옹호한다. 이런 사람들 수백만 명을 제외하다 보면, 절로 질문이 나온다. '도대체 누가 남아 있는 것인가?'

오늘날 전세계에서 18세기 휘그주의[8](Whiggism)나 고전적 자유주의 전통에 확고한 기반을 둔 사람들은 소수에 불과하다. 그들은 『연방주의자 논설집(The Federalist)』의 정치적 혜안을 인정하고, 맨체스터와 오스트리아학파의 자유시장경제이론을 수용한다. 이쪽 진영에는 자유경제 및 자유사회 입장을 대변하여 집산주의적 이론을 파괴하는 글쓰기와 신중한 논증 및 지적 논거가 가능한 유능한 학자들이 존재한다.

이 자유철학은 심지어 이에 반대하는 자들, 즉 좌익들의 진부한 분석과 비판을 통해서도 그 견고함이 반증된다. 좌파세력이 그들 나름대로의 논거로 자유사회 철학에 반대하는 경우는 거의 없다. 만약 그런 사례가 있다면 우리가 모를 리가 없다.

좌파는 당연히 자유사회적 입장에 반대하지만 지적 논거로 반박하는 경우는 드물다. 자유경제를 반대하는 자들이 사용하는 몇 가지 전형적인 방법이 있다. 첫 번째 전략은 무시다. 자유시장에 대해 논의하지 않고, 마치 존재하지도 않는 것처럼 행동한다. 두 번째 방어 전략은, 무시할 수 없다면 자유경제에 대한 허위사실을 퍼뜨리고 그 허위사실을 진실인 양 공격하는 것이다. 셋째는 모욕하는 것이다. 이때 유용한 표현은 "반동적(反動的)", "18세기적 생각", "자본주의자", "구닥다리" 등이다. 마지막으로 근거도 없이 상대방이 "빈곤층"이 겪는 곤경에 대해 비정하다는 점을 끈질기게 주장한다. 사실 이 마지막 방법은 너무 터무니없어 웃음만 나온다.

자유경제가 제대로 기능하도록 허용된 국가들을 보면 자유경제는 다른 그 어떤 체제보다 더 단기간에 많은 사람들을 빈곤으로부터 구제하였다! 자유경제가 "빈곤층"을 외면한다는 주장만큼 무지와 어리석음, 악의가 뒤섞인 비난은 드물 것이다. 반대로, 기록들을 보면 오히려 정부의 지원제도가 "빈곤층"을 돕는 데 실패할 뿐만 아니라 가난한 사람들을 계속 가난하게 만든다 – 게다가 그들의 존엄성마저 떨어뜨려 비참하게 만든다!

## 시기심에 기반한 공격

자유체제는 확고한 지적 및 도덕적 토대를 가지고 있다. 그렇다면 왜 더 많은 사람들이 자유체제가 설득력이 있다고 생각하지 않을까? 왜 그렇게 많은 사람들이 자유와 정반대의 길, 노예로 향하는 혼잡한 길로 앞서 가지 못해 안달인 걸까? 도덕적 통제에서 벗어난 인간의 특성 중에는 사회주의 깃발 아래 쉽게 뭉치도록 만드는 무엇인가가 있는 것일까? 정답은 '그렇다'이다. 그 특성이 바로 시기심이다. 시기심과 그의 단짝인 탐욕은 분명 매력적이지 않은 인간 본성의 모습이며, 오직 도덕성만이 그들이 수면 위로 드러나는 것을 막는다. 일단 수면 위로 올라온 시기와 탐욕은 자유에 맞서고 사회주의를 위해 일한다.

길거리 행인에게 사회주의를 어떻게 생각하는 지 물어보라. 그러면 그는 부(富)를 분배하고, 누군가의 말처럼 "불평등한 소득의 평등한 배분"을 실천하고, 부자들의 돈을 우려내서 "가난한 자들"에게 쓰는 것이라고 대답할 것이다. 좌파 웅변가들은 이 시기심과 탐욕의 감정을 능숙하게 이용하여 사람 사이에, 그리고 계층 간의 갈등을 불러일으킨다. 이런 인간 본성의 추악한 특성은 태곳적부터 문제를 야기해왔다. "네 이웃의 재물을 탐내지 말라"가 십계명 중 하나이다. 질투와 탐욕은 기독교에서 말하는 일곱 가지 대죄에 속한다. 이 특성들의 파괴적인 잠재력을 익히 알고 있던 우리의 조상들은 이것의 통제를 종교적 의무로 만들어 무력화시키려고 노력했다.

평등주의(egalitarian)는 추진력을 발휘하려면 시기와 탐욕이라는 전용(專用) 연료가 필요하다. 사회주의는 질투심을 이용해 새로운 도덕률을 만들어내는데, 여기에 빠져든 사람들은 이웃의 물건을 넘봐야 한다고 말한다. 십

계명 따위는 잊어버리고, 일하는 것보다 훨씬 더 손쉽게 돈을 버는 방법이 있음을 명심하라! 우선, 사회를 가진 자와 못 가진 자로 양분한다. 그런 다음, 못 가진 자들에게 그들의 소유가 빈약한 것이 어찌되었든 가진 자들 때문이라고 믿게 만든다. 일년에 25,000달러나 버는 사람이 있기 때문에 겨우 7,500달러밖에 못 버는 사람이 생기는 것이다.

그렇게 믿고 싶은 마음 한 자락이 우리 속에 있기 때문에 많은 사람들이 자신의 실패와 결점이 드러날 때 자신의 책임을 인정하지 않으려는 것은 당연한 일이다. 그들은 자신들보다 더 성공한 것처럼 보이는 이들이 사실은 더 잘 하기 때문이 아니라는 것을 알게 되어 위로를 받는다. 이런 식의 사고는 기분이 좋아지긴 하지만, 사실 약간의 경제적 논리만 대입해도 허물어지는 환각에 불과하다.

## 교환의 이점

우리는 경제학을 통해 자유경제가 한 사람의 이익이 필연적으로 다른 사람의 손실을 의미하는 제로섬 게임이 아니라는 것을 배울 수 있다. 포커 게임에서는 한 사람의 칩이 점점 높게 쌓일수록 다른 이의 칩은 그만큼 줄어들게 된다. 하지만 시장경제에서는 (비유하자면) 모든 참여자들이 쓸 수 있는 칩의 수가 점진적으로 증가하고 있으며, 모든 사람은 자신의 서비스에 대해 소비자들이 생각하는 가치만큼 정확하게 벌어들인다.

모든 사람은 속으로 자신이 소비자들이 생각하는 것보다 훨씬 더 가치 있다고 생각한다! 하지만 대부분 사람들은 오직 경험과 자기 훈련을 통해 길러진 현실감각으로 경제에 임하고 종국에는 성공한다. 그러나 못 가진 자들의 시기심을 더 강하게 자극하기 위해서는 이와 같은 경제적 이해와 합리적 고려를 짓밟아 없애야 한다.

시기심은 시작점에 불과하다. 못 가진 자들의 질투에 가진 자들의 죄책감이 어우러져야 한다. 이제, 강압과 사기로 부를 얻은 사람은 죄책감을 느껴야 한다. 다른 사람의 희생으로 얻은 이득에 대해 죄책감을 느끼지 못한다면 이는 도덕적 맹점의 증거가 된다.

그러나 다른 사람의 희생으로 이득을 얻는 수많은 사람들이 있는데, 복지 국가의 보조금 혜택을 받는 사람들 모두가 여기에 해당된다. 그들 대다수는 못 가진 자로 분류되고 그들 스스로도 그렇게 생각할 것이다. 그런데 그들이 수입을 얻을 수 있는(다른 사람들의 세금으로 아무런 대가 없이 지급 받는) 국가 보조금이라는 특별한 수단을 아주 대단한 것으로 여긴다는 것이 모순의 극치다!

## 소비자들이 보상을 만든다

자유로운 사회에서 각 사람들은 교환 시장에 내놓은 재화와 서비스에 구매자들이 기꺼이 지불하고자 하는 가치에 따라 보상받는데, 그 구매자란 바로 자유로운 사회의 동료다. 이 시장의 평가는 무지하고 부패하며 편견을 가진 어리석은 소비자들, 한 마디로 당신과 나 같은 사람들에 의해 이루어진다! 이것은 세계에 얼마나 많은 양의 재화들이 사용되고 누구에게 얼마나 돌아갈 것인지를 결정하는 방법치고는 참으로 어설퍼 보인다. 다른 방법이 없을까?

대안이 없는 것은 아니다. 그리고 그것은 무려 2천여년 전에 이미 있었다. 올림푸스(Olympus)의 현인(賢人)들과 선인(善人)들을 초대하여 배석시킨 후, 우리는 한 사람씩 그들 앞에 서서 우리의 가치를 판단하게 하고 그에 맞게 보상받도록 해보자. 그러면 우리 모두는 백만장자와 빈민들이 각자의 수준에 속한다는 것을 납득할 수 있을 테고, 모두가 만족하고 행복하게 살아갈 것이다.

정말이지 터무니없는 소리 아닌가! 진정으로 현명하고 선한 자라면 그런 판단자의 역할을 수락하지 않을 것이다. 심지어 하나님의 아들 예수도 "누가 나를 너희들의 판단자로 세웠느냐?"고 말씀하시며 거절하셨다. 그런 역할을 자청한 사람은 누가되었든 자청했다는 사실만으로도 그의 지혜와 선함을 의심받게 될 것이다!

어떤 이는 2만 5천 달러를 벌고 다른 이는 1만 달러를 벌게 되는 시장의 결정은 엄청난 지혜로 되는 것도 아니고, 누구도 그렇다고 주장하지 않는다. 그러나 소비자들을 유권자로 바꾸어 정치인들을 뽑게 하고, 또 그 정치인들이 부를 분배하는 속임수를 부리는 관료들을 임명하는 사회주의라는 대안과는 비교할 수 없을 정도로 시장의 결정이 훨씬 더 낫다.

이 정신나간 계획은 불완전함을 피하고 불가능을 지향하는 무모한 짓이다! 인간사에 완벽이란 없지만, 불완전한 인간이 할 수 있는 물질적 보상의 가장 공정한 분배는 어떤 사람이 얼마나 벌어야 하는지를 그 사람의 고객이 결정하게 만드는 것이다. 이 방법은 경제적 재화와 서비스를 평등하지는 않지만 공평하게는 분배할 것이다.

여기에 덧붙이자면, 시장이 한 개인의 진정한 가치를 측정하지는 않는다는 점을 알아야 한다. 만약 그렇다면, 우리는 많은 돈을 버는 사람들 - 록스타, 포르노 제작자, 외설서적 출판업자, TV 해설자, 베스트셀러 작가 등 - 을 우월한 존재로 평가해야 할 것이다. 하지만 그들은 우월하지 않다. 그 반대일 때도 있다! 하지만 그런 사람들은 자유경제의 아주 작은 부분만을 담당하고 있고 우리가 즐기는 자유라는 축복을 위해 지불하는 아주 작은 비용이라 할 수 있다.

## 죄책감

자유사회에서 평균 소득 이상을 버는 사람들은 자신의 소유물을 누릴 자격이 있다. 그들은 자발적인 교환을 통해 그것을 얻었기 때문에 그들이 즐기는 효용은 그들이 다른 사람들에게 준 효용과 일치한다! 그렇기에 이것에 대하여 그 누구도 죄책감에 시달려야 할 타당한 이유는 없다. 자유사회에는 이처럼 진정한 호혜성(reciprocity)이 있지만, 반대자들은 시장에 내재된 상호관계를 보지 못한다.

따라서 좌파들은 빈곤층 이상의 사람들에게 죄의식을 심고자 집요하게 노력한다. 그들은 임금 노동자들이 그 임금보다 많이 생산하고, 그 "잉여가치(surplus value)"는 고용주에게 갈취 당한다는 칼 마르크스의 착취이론을 이용한다. 고용되는 것은 결국 착취당하는 것이고, 자본주의자 계급은 노동자 계급의 정당성을 부인한 것에 대해 죄책감을 느껴야 한다는 것이다!

이 철없는 생각은 심지어 마르크스가 살아 있었을 때도 뵘-바베르크(Böhm-Bawerk)에 의해 무너졌고, 오늘날에는 공산주의 이론가들에게 조차도 옹호 받지 못하는 실정이다. 그러나 이 "잉여가치" 개념은 질투심 및 죄책감과 잘 맞기에 여전히 선전 수단으로 유용하게 쓰인다.

이런 마르크스주의 선전이 한 세기 이상 지속되고 있는 마당에, 죄책감에 시달리는 백만장자들과 그 자손들뿐만 아니라 "빈곤층"에게 연민을 느끼는 산업계의 리더들과 기업체의 고위 임원들이 많이 존재한다는 것이 놀랄 일도 아니다. 질투심에 가득 차 있는 못 가진 자들과 죄책감을 느끼는 가진 자들은 사회주의 선전이 무럭무럭 자랄 수 있는 양질의 토양이다!

이런 빈부격차 개념의 이용은 개인 차원에서 그치지 않는다. 부유한 국가와 빈곤한 국가도 있다. 저개발 국가들은 제2차 세계대전 이후 미국으로부터 2천억 달러어치 이상의 물품 기부를 받았다. 이러한 놀라운 원조(그래서 세계의 국가들이 가난에서 일어나고 우리를 축복받은 국가라고 부른다!)에도 불구하고 미국인들은 비판자들의 시각에서 볼 때 여전히 너무 많은 것을 가지고 있다. 표현은 다양하지만 논조는 항상 비슷하다. 세계 인구의 7%만을 차지하는 미국인들이 세계 음식의 20%를 소비하고, 세계 자동차의 75%를 몰며, 세계 텔레비전의 75%를 소유하고 있다는 등등의 이야기들이다.

나는 미국에서의 삶의 질에 대한 아마추어 비평가이기도 한데, 내 의견을 듣겠다는 사람들에게 답해주자면, 미국인들이 실제로 너무 많이 먹고 잘못된 종류의 음식을 먹고 있다고 생각한다. 때때로 차는 차고에 두고 걷거나 자전거를 타는 것이 좋을 것이다. 그리고 대부분 동의하겠지만, 편리함, 안락함, 속도, 그리고 기계 장치의 조합은 좋은 삶에 도움이 되지 않을 것이다.

하지만 여기서 문제가 되는 것은 더 검소하고 엄격하거나 금욕적인 삶의 방식 – 우연히도, 아시아, 아프리카, 유럽, 혹은 세계 어디든 부자들은 절대 하지 않는 – 이 과연 더 나은가 여부가 아니다. 단지 미국 50개 주에 살고 있는 많은 사람들이 세계 다른 곳에서 소수의 부유층을 제외한 대다수의 사람들보다 더 풍요로운 물질적 부를 누릴 수 있게 되었고, 그래서 우리는 전세계 다른 나라들이 조심스럽게 키운 질투심을 도발할 만큼 충분히 눈에 띄게 된 것이다.

그러면 미국인들은 일부러 생활수준을 낮춰야 할까? 글쎄, 아마도 검소한 삶, 근면성실, 청교도 윤리는 추구할 만한 것이긴 하다. 하지만 국내 진보주의자들과 저개발 국가의 비판자들의 말을 듣고 그렇게 할 필요는 전혀 없다!

## 핵심은 생산성이다

미국인들이 평균적으로 다른 나라 국민들보다 더 많이 소비하는 것은 사실이다. 왜 그런지 물어보는 것은 흥미로운 질문일 수도 있다. 그 대답은 명백하다. 미국인들은 더 많이 생산하기 때문에 더 많이 소비한다. 만약 인도 사람들이 더 많이 소비하고 싶다면, 그들은 생산성을 향상시키는 법을 배워야 할 것이다. 그리고 미국은 생산성 향상의 방법을 기꺼이 알려줄 사람들로 넘쳐나고 있다. 개개의 근로자가 점점 더 많은 기계, 도구 및 장비를 이용할 수 있도록 인구 증가율보다 더 빠른 속도로 자본을 축적하기만 하면 된다.

다시 말해, 생산효율성은 자본축적을 할 수 있는 제도적 인센티브가 필요하다. 예를 들어, 사유재산제의 숭고함에 대한 폭넓은 믿음과 정직, 절약, 근면성실을 높이 평가하는 윤리와 태어나면서 갖게 되는 권리의 인식 등등. 이 같은 토대 위에 세워진 국가는, 미국이 그래왔던 것처럼, 반드시 번영한다.

미국 정부가 저개발 국가에서 유래한 질투심의 압력에 계속 굴복하여 미국 시민들에게 더 많은 세금을 부과하여 소비를 줄이고자 한다고 가정해 보자. 다시 말해, 매년 미국 내에서 생산되는 제품이 해외로 유출되거나 수출되는 비율이 점점 더 커진다고 해 보자.

국민들이 애써서 키운 과실을 먹지 못하게 된다면 그 나라의 생산은 어떻게 될까? 결과는 충분히 예측 가능하다. 생산은 필연적으로 감소할 것이다. 사람들은 왜 생산하는가? 소비하기 위해 생산한다. 소비가 모든 생산활동의 목적이다. 사람들은 그들이 생산하는 모든 것을 빼앗기면 일을 멈출 것이고, 50%를 빼앗기면 생산속도를 늦출 것이다.

결과적으로, 저개발 국가들을 도울 때 그들에게는 전혀 도움이 되지 못하면서 자국의 국민들은 가난하게 만드는 정책 실행이 최악의 경우다.

이 시기심 및 죄책감 증후군은 사회주의적 사고방식을 개략적으로 보여준다. 그들은 생산이나 물질적 재화가 생겨나는 과정에는 별 관심이 없다. 이미 존재하는 재화의 정치적 재분배에만 골몰한다. 사실, 경제적 재화가 생겨나는 유일한 방법은 도구와 기계를 활용하여 인간의 에너지를 원재료에 사용하는 것뿐이다. 천연자원을 다루는 인간의 노동력이 의식주를 비롯한 재화를 생산하는 유일한 방법이다. 하지만 좌파는 이러한 과정의 효율성을 높이는 것은 고사하고 이 과정 자체에 아예 관심이 없다.

## 세금과 보조금 투입

좌파의 관심은 생산자들에게 세금을 부과하고 소비자들에게 보조금을 주는 데 집중되어 있다. 사회주의자들은, 생산이 어떻게든 저절로 발생한다고 가정했을 때, 가진 자들로부터 재산을 빼앗아 못 가진 자들에게 그것을 분배하는 것 외에는 아무런 계획이 없다. 결국 나라는 가난해지고 전 세계적으로 기아는 확산된다. 하지만 부자들에게서 빼앗아 가난한 사람들에게 나눠주는 로빈훗 정책은 분명 매력적인 요소가 있다. 심지어 그 로빈훗이 사실은 부자와 가난한 자 모두의 재산을 편취하는 것이 명백해진 후에도 그의 매력은 잔향(殘香)을 풍긴다!

경제가 발전하면 사회는 거의 모든 사람들이 가난하던 상황에서 소수를 제외한 대부분의 사람들이 함께 경제 번영을 누리는 상황으로 발전한다. 즉, 아무리 번영한 사회라도 가난한 사람들은 있을 것이고, 빈부의 격차 때문에 인정 많은 사람들 눈에는 여전히 가난한 이들의 모습이 고통스러울 정도로 극명하게 보인다. 비난은 생각 없이 감정적으로 반응하는 사람들에게 너무도 당연한 해결책으로 보인다. 다른 사람들보다 더 잘 사는 사람들이 있다면, 그들의 재산 중 일부를 빼앗아 도움이 필요한 사람들에게 나누어 주는 법안을 통과시키면 되지 않겠는가! 그런데 사실 이마저도 효율적인 절차가 아니다. 정부가 "가난한 사람들"에게 1달러를 주는 데 훨씬 더 많은 비용이 소요되기 때문이다.

의사들이 질병의 원인을 건강한 사람들의 탓으로 돌리고 치료법으로 건강한 이들을 아프게 만드는 의학 시스템을 상상해 보라! 이는 가당치도 않은 소리이고, 만약 이 시스템을 도입한다면 살아남는 환자는 거의 없을 것이다. 경제적 고통도 이와 같다. 빈곤의 원인을 알지 못하면 빈곤을 치료할 수 없고, 빈곤은 생산성 이외의 방법으로는 극복할 수 없기에 번영의 원인 역시 배워야 한다.

한 국가의 번영은 생산효율성을 통해 생기며, 생산효율성은 자유로운 풍토, 재산권의 보장, 자본의 축적, 진보적인 기술, 좋은 업무 습관, 숙련된 관리층 등과 같은 것들을 필요로 한다. 따라서 번영에 필요한 요소들이 제 기능을 발휘하지 못하면 사람들은 더 가난해진다.

생산성을 저해하는 정치적 개입의 예를 들자면, 자본의 공급을 감소시키는 약탈적 징세, 많은 사람들을 실업자로 만드는 최저임금법, 시장 임금보다 높은 임금을 요구하고 경직된 임금구조를 도입하여 제도화된 실업을 불러일으키는 독점 노조, 가격통제 및 임금통제, 그리고 인플레이션이 있다.

이런 정치적 개입은 그 누구에게도 도움이 되지 않으며, 어떤 사람들에게는 엄청난 해를 끼친다. 가장 심각하게 영향을 받는 사람들은 우리의 동정심을 불러일으키고 일부 근시안적인 시민들로 하여금 소득의 불균형을 바로잡기 위한 과감한 정부 조치를 촉구하게 만드는, 바로 곤경에 처한 이들이다! 믿을 만한 전략은 앞선 번영의 공식을 사회 전반에 적용하는 것뿐이다. 그리고 이는 정부가 어리석은 법률로 사람들에게 피해를 주지 못하도록 막을 방도를 찾아야 함을 의미한다. 생산자들에게 자유를 주고 시장의 긴장을 풀어준다면, 모두가 점점 더 많은 번영을 누리게 될 것이다.

물론, 국가는 단순히 경제적 번영만으로 충분하지 않다. 부(富)가 반드시 행복을 가져다 주는 것은 아니기 때문이다. 행복한 사람이란 살아갈 이유가 있고, 잠재력을 최대한 발휘할 수 있는 도전적인 삶의 태도를 견지하는 사람이다. 물질적 풍족 - 영양을 공급하는 음식, 온기를 유지해주는 옷, 외부환경으로부터 자신을 보호해주는 집 - 은 좋은 삶을 구성하는 한 가지 요소에 불과하다. 하지만 오늘날 이 한 가지 요소가 많은 사람들이 보기에 너무나 중대한 것이라서 사소한 경제적 어려움만 있어도 우리의 번영을 가능케 한 시스템을 망가뜨릴 프로그램들을 요구하게 된다! 이는 마치 어떤 의사가 기적의 약으로 완전히 마비된 환자를 치료했는데, 팔과 다리의 기능은 회복됐지만 무릎이 뻣뻣한 상태라고 의료과실로 고발당한 꼴이다!

## 정의와 자선

정의가 최우선시 되어야 한다. 다른 사람들을 희생시키면서 일부 사람들에게 경제적으로 유리한 법이 있어서는 안되고, 사람들이 선택한 만큼 생산하지 못하게 방해하는 임의적 통제도 없어야 한다. 이렇게 정의가 확립된 후에 자선이 뒤따라야 한다. 자선이란 장애가 있는 사람들은 스스로 대처하기가 어렵다는 것을 인정하는 것이다. 민간 자선활동의 범위는 정부가 복지계획을 수립한 이후에도 여전히 어마어마하다. 연민의 샘은 마르지 않았고 자선활동은 강압적인 정부보다 자발적인 사회에서 더 자유롭게 운영되는 것이 분명하다.

강압적인 정부는 인생에서 가장 생산적인 시기의 일반인들에게 무거운 과세로 부담을 주고 그들이 반대하는 프로그램에 자금을 지원하느라 그 세금을 사용한다. 그 결과, 일반인들은 수만 달러의 손해를 본다. 동시에, 사회보장세 명목으로 수천 달러를 더 가져간다. 그리고 정부는 화폐를 계속 찍어내 일반인들이 구입하는 모든 것의 가격을 인상시킨다. 은퇴 후에 정부는 그 사람이 근속기간 동안 실제로 벌었던 돈보다 훨씬 적은 금액의 연금을 주기 때문에 그가 말년에 받는 돈은 그 가치가 많이 줄어든다. 이것이 바로 정부가 가난한 사람들을 돌보는 방법이다!

시기, 탐욕, 죄책감, 여기에 명백한 어리석음과 무지까지. 이것이 사회주의의 본질이라는 것에는 의심의 여지가 없다. 이러한 감정들과 결함을 자극하지만 않는다면 사회주의는 미미한 수준에 머물러 있을 것이다. 그러나 우리 시대는 사회주의가 발전하는 데 기여하는 다른 원인들도 가지고 있다. 그 중에 우상숭배 종교가 있다. 우리는 전통적인 종교가 한 때 힘을 발휘했던 수많은 사람들의 마음을 더 이상 붙잡지 못하는 시대에 살고 있다. 초월성이나 신성함이 설 자리가 없는 세속적인 세계관이 지배적이다. 그러므로, 종교다운 종교를 만들 수 없거나 원하지 않는 20세기 사람들 상당수는 정치나 경제를 종교화한다.

## 종교적 욕구

　종교라는 용어는 믿음과 헌신의 강도(强度)에 관한 언급이지만, 이 강렬한 믿음과 헌신을 고무(鼓舞)시키려는 목적과도 관련이 있다. 세속적 세계관이 지배적이어서 더 이상 초월적인 존재, 혹은 신(神)이 존재하지 않기에, 강한 믿음과 헌신이 국가나 혁명과 같이 숭배할 가치가 없는 대상과 결합한다. 따라서 사회주의나 공산주의는 우리 시대 수백만 명 사람들에게 일종의 대체 종교다.

　이를 이해하는 데 허버트 조지 웰스(H.G. Wells)의 사례가 도움이 될 것이다. 웰스는 초기에 페이비언주의자[10]였고, 만년(晚年)에 환멸을 느끼기 전까지 사회주의의 발전을 위해 지치지 않고 노력했다. 그는 말했다. "나에게 사회주의란 실로 굉장한 것이다. 내가 생각하는 이상적인 삶의 형태와 본질이며, 내가 믿는 유일한 종교다. 일종의 숙명에 따라, 나는 사회주의자다."

　이와 비슷한 정서가 당대의 수많은 지식인과 문학계, 과학계, 정치계의 지도자들에 의해 표출되었다. 또한, 영적(靈的) 종교의 쇠락은 교회에도 나쁜 영향을 미쳤다. 진정한 종교란 개혁이나 혁명이라고 믿는 사람들이 사회주의를 위해 교회를 장악했다. 그들은 교회의 편집국, 사회운동위원회, 교단연합회 등과 같이 다양하고 신임이 두터운 교회 단체들을 통제한다.

　종교적 욕구가 사회주의를 위해 이용된 것처럼, 예술적 욕구 역시 이용되었다. 예술가는 "자연을 있는 그대로" 놔둘 수 없다. 따라서 예술가는 혼돈처럼 보이는 것에서 일종의 질서를 끌어내어 의미 있는 형태를 부여해야 한다. 이런 예술적 관점을 사회에 왜곡되게 적용하면 계획경제가 탄생한다!

　자유사회의 웅장하고도 복잡미묘한 질서는 배우지 않고서는 감지할 수 없다. 그것은 인간행동의 결과이지, 인간 계획의 결과가 절대 아니다. 도난, 사기 및 살인에 관한 몇 가지 간단한 규칙을 시행하고, 계약을 이행하고, 피해를 복구한다. 이 몇 가지 규칙 내에서 자유롭고 생산적으로 행동하는 사람들이 인간에 대한 이해에 역행할 정도로 매우 복잡한 질서를 만들어낸다. 이를 완전히 이해할 수 있다면 시장 없이도 경제적 계산이 가능할 것이다. 하지만 그것은 일어날 수 없는 일이다.

우리 안의 예술적 기질은 미진한 것을 참을 수 없고, 일의 마무리를 고집하고, 집요하게 비전을 실현하려 한다. 좋다, 다만 화폭에만 그렇게 하기를 바란다! 만약 사전 계획된 질서나 양식을 사회의 궁극적 모습으로 고집한다면 – 국가가 하나의 예술작품인 셈이다 – 이 목표는 사회의 모든 사람들이 자신의 평화로운 목표를 추구하는 것과 양립하여 달성될 수 없는 것은 명백하다. 개인의 목표를 무효화하는 것 외에는 단일 국가 목표를 달성할 수 있는 방법이 없다.

## 다양성의 장려

자유사회는 개인의 차이를 용인할 뿐만 아니라, 개개인이 사회 전체의 풍요에 나름의 공헌을 한다는 점에서 다양성을 장려한다. 이런 관점은 대중사회의 균일성에 대한 강압적 지지와 정면으로 배치(背馳)된다. 그러므로 자유사회를 옹호하는 사람은 다른 사람들을 짜증나게 할 수도 있다. 자신의 주장을 펼치기 위해 이견(異見)을 싫어하는 인간의 본성에 맞서야 하는 것이다. 사회가 자유로워지려면, 개인이 지니는 독특함에 대해 지금까지 보여줬던 것보다 훨씬 더 높은 수준의 관용을 많은 사람들이 보여주어야 한다.

그래서 자유를 신봉하는 사람은 다른 사람들에게 구매 후에 불편할 수도 있다는 이야기를 하면서 물건을 사라고 설득하는 판매원과도 같다! 판매하기가 결단코 쉽지 않다! 자유란 당신이 좋아하지 않는 많은 것들을 참아내고 견디기 힘든 많은 사람들과 함께 사는 것을 의미하니 말이다.

종교계와 경제학계에서 언론과 출판의 자유란 다른 사람들이 우리가 불쾌하다고 느낄지도 모르는 것들을 말하고, 인쇄하고, 믿고, 생산한다는 것을 의미한다. 자유는 결코 싸구려가 아니다. 비용이 들뿐만 아니라, 그 비용을 감당할 수 없거나 지불을 원하지 않는 사람들은 결코 자유를 얻지 못할 것이며 그들이 지금 향유하는 자유를 유지할 수도 없을 것이다.

작고한 영국 성공회 대성당 주임 사제 잉거(Dean Inge)는 꼬리표(label)란 결국 명예훼손(libel)과 같다고 말하곤 했다! 남북전쟁에서 뉴딜(New Deal)까지 이르는 시기에 미국, 영국, 그리고 유럽 국가들의 사회 시스템에 어떤 꼬리표를 붙일 것인가? 그 시대는 과학기술의 엄청난 발전이 돋보이는 시기이니 과학의 시대라고 말할 수 있다. 그런데 한 저명한 역사가는 그 시대를 물질주의 시대로 묘사했다.

군주들이 왕좌를 떠나면서 그 자리를 차지한 민주주의라는 꼬리표는 널리 알려져 있다. 금세기 동안의 생산방식은, 마르크스가 단 꼬리표에 따르면 "자본주의적"이었다. "자본주의"라는 꼬리표를 사용하는 것은 공산주의자들에게 어울렸다. 왜냐하면 그들이 파괴하고 싶은 사회체제는 "민주주의"가 아니라 "자본주의"였다.

## 파괴적인 꼬리표

오늘날 현대 서구 국가는 극도로 복잡하며, 그곳에서 보여지는 많은 현상 중에 단 한 가지를 이해하기 위해서는 인내심을 갖고 분석해야 한다. 사회악에는 분명히 관심을 기울여야 하고, 그 근본 원인을 찾아내기 위해서는 지식과 기술이 필요하다. 그게 싫다면, 잘못된 것은 모두 자본주의 탓으로 돌리는 훨씬 간단한 방법이 있다! 가난은 왜 존재하는가? 자본주의 때문에! 세계 대전은 왜 일어났지? 자본주의 때문에! 대공황은 왜 일어났을까? 자본주의 때문에! 사람들은 왜 불행할까? 자본주의 때문에!

몇 세대에 걸친 지식인들의 분석적이고 비판적인 능력을 마비시키는데 이런 식의 마르크스주의 전략만큼 잘 계산된 것도 없었다. 그것은 분명 효과가 있었다. "사회과학자들"은 그들이 인류를 약속된 땅으로 인도하기 위해 선택되었다는 예언에 따라 조건반사적으로 침을 흘리도록 맞추어졌다.

몇몇 유능한 사람들은 스스로를 과학적이고 진보적이라고 생각하면서 사회주의가 과학적이고 진보적인 것처럼 보이기 때문에 사회주의에 매료되기도 한다. 그러나 평범한 사람들 대부분은 그렇지 않은 게 뻔한 노릇이다. 그들은 고집이 세고 후진적이며 결과적으로 많은 일을 그르친다. 가장 신빙성 있는 과학 정보를 거부하는 대신, 엉성하고 비과학적인 것을 선호한다. 그들의 생활방식, 식습관, 아이들 양육 방식, 새로운 교육 경향에 대한 저항, 돈을 흥청망청 쓰는 태도, 그리고 의지하는 미신에 다 드러나 있지 않은가!

일반인들의 결점을 열거하려면 너무나 오래 걸린다. 결론적으로, 그와 같은 무지한 사람들이 자신의 삶을 제대로 꾸려갈 수 있다고는 도무지 믿을 수 없다. 그들을 위해 그들의 삶을 대신 운영할 자원자가 있을까? 물론 있다! 많은 식자층들이 진보적 사회를 과학적으로 운영할 능력이 충분하다고 자신한다. 물론 국민 모두의 이익을 위해서 말이다.

## 누가 당신의 인생을 살아줄 것인가?

많은 사람들이 되는대로 산다는 것이 사실일지 몰라도, 그렇다고 해서 B가 A의 의지와는 다르게 A의 삶을 선택하는 것이 A의 상황을 개선시키리라는 추론은 비합리적이다! 우리는 이것이 물리학에서 뉴턴 중력의 법칙만큼이나 기본이 되는 삶의 법칙을 위반하기 때문에 효과가 없다는 것을 알고 있다. 개개인은 자신의 삶을 관리하고, 만약 스스로를 책임지지 않는다면 그 누구도 그 책임을 대신 맡을 수는 없다.

삶이란 불확실하고 우리 모두는 실수를 저지르기 마련이다. 하지만 우리는 실수하면서 무언가를 배우고, 우리는 배우기 위해 지구상에 존재한다.

성 어거스틴(St. Augustine)이 말했듯, "우리는 여기서 영원한 삶을 위한 교육을 받는다." 실수를 하고, 실수할 때마다 다시 일어서고, 성공하면서 자신감을 얻을 수 없다면 배움의 과정은 힘들어진다.

여기서 가장 큰 쟁점은 인간을 어떤 사회적 양식에 맞게 조작될 수 있는 단순한 것으로 간주하는 사람들과 자유가 없으면 현세와 내세를 충실히 아우르는 스스로의 운명을 개척할 수 없기 때문에 자유가 필요하다고 믿는 사람들 사이의 인식 차이다.

지금까지 관심은 좌파, 진보주의자들, 사회주의자들인 "그들"에 쏠려 있었다. 그러면 자유기업주의자들, 자본주의자들, 사업가들인 "우리"는 어떠한가? 우리 때문에 사람들이 사회주의에 관심을 갖는 것인가? 유감스럽게도 그렇다.

어느 누구도 평범한 사업가들에게 자유경제의 이론을 이해하지 못하고 그 개념을 명확하게 표현하지 못한다고 비난할 수는 없다. 비난을 감수해야 할 사람이 있다면 바로 자유경제를 더 깊게 파고들어 이해하지 않는 지식인들이다. 물론, 기업 단체들이 정부의 특혜를 얻으려 하거나 임금과 가격 통제를 앞장서서 적극 지지한다면 일이 더 고단해지는 것은 사실이다.

하지만 진짜 문제는 다른 곳에 있다. 자칭 시장이론의 옹호자라는 이들이 자유시장경제이론과 시장이론에 입각하여 형성한 이데올로기는 확실히 구분해야 한다. 진정한 자본주의자가 되려면 먼저 무신론자가 되어야 한다고 목청 높여 외치던 몇몇 자본주의 이론가들의 이데올로기를 듣고 돌아서 버린 자유경제의 잠재적 지지자들이 얼마나 많을까! 진정한 자본주의자가 되기 위해서는 합리주의자나 공리주의자, 혹은 무정부주의자가 되어야 한다는 주장도 있었다.

게다가 진정한 자본주의를 파악하기 위해 역사, 예술, 문학, 심리학, 윤리, 종교의 미심쩍은 개념들을 헤쳐 나가야 한다면, 문외한인 사람이 자유시장체제의 경제적 강점을 제대로 판단하는 것은 결코 쉽지 않다! 이데올로기적 틀의 저차원적 주장과 결합된 경제 이론의 고차원적 논쟁은 사회주의에는 별반 피해를 주지 않지만, 자본주의에는 큰 혼란을 줄 수 있다! 시장이 시장경제가 되는 것은 올바른 철학적 구조 안에서만 가능할 뿐이며, 그 철학적 구조는 비(非) 시장적 요소의 뒷받침이 필요하다.

경제 행위는 생존을 위해 필수적이지만 그 자체로는 자유 경제를 창출할 수 없다. 인간이 존재하기 위해 반드시 필요한 의식주는 천연자원에 인간의 노력이 덧입혀져서 생산될 뿐, 다른 방법은 없다. 분업은 인류의 역사만큼 오래된 개념이다. 사람들은 항상 거래를 하고 물건을 교환해왔다. 이렇게 서로 맞물린 사건들이 시장을 형성하고, 시장은 어디에나 존재한다.

그러나 항상 존재하는 시장이 자연발생적으로 시장경제가 되지는 않는다. 촉매제 역할을 할 비시장적 요소들이 존재해야 한다. 개인 불가침에 대한 믿음을 중심으로 정치적 구조를 만들면 당신의 재산은 존중받고 자유선택이 극대화되는 자유와 정의가 나타난다. 그러면 시장은 자유 경제로 제도화된다. 이러한 필수적 정치적 틀 - 18세기부터 이어져 온 - 을 무시하게 되면 그 정치적 틀이 쇠퇴함에 따라 자유경제 또한 무너질 것이다.

## 자유에 대한 우리의 두려움

인간의 본성 자체에는 자유에 대해 양면적인 태도를 갖게 하는 무언가가 있다. 자유에 대한 욕구가 인간의 본성 깊이 뿌리 박혀 있는 것이 아니라면 인간은 절대 자유 사회를 위해 노력하지 않을 것이다. 그리고 우리의 기질에 자유를 두려워하는 모순적 긴장감이 존재하지 않는다면 우리는 자유를 얻어내기 위해 노력할 필요도 없고 주기적으로 독재에 빠지지도 않을 것이다. 이에 관해 더 자세히 살펴 보자.

우리는 각자 자신의 삶이 있고 이루어야 할 목표가 있다. 인간이란 목적을 지향하는 존재이기 때문에 일생 동안 추구해야 할 목표들을 세우고 때

때로 노력해야 할 다양한 일들을 계획한다. 우리 모두가 각자의 삶을 충실히 살고 스스로 선택한 목표를 추구하기 위해 최대한의 자유를 원한다는 것은 자명한 진실이다.

누군가가 올바른 정신 상태에서 고의적으로 다른 사람들에게 자신의 행동할 자유를 침해해 달라고 요청하는 것은 상상할 수도 없는 일이다. 그 누구도 스스로 목표를 정함과 동시에 다른 사람들에게 목표 달성을 막아달라고 요청할 수는 없기 때문이다! 만에 하나 어떤 기이한 상황에서, 어떤 사람이 다른 사람에게 자신을 억압하라고 요구한다면 그의 진짜 목표는 억압받는 것이다. 그가 말하는 목표가 무엇이든 간에 말이다.

가장 사악한 독재자를 상상해 보자. 그의 목표가 인간의 자유 말살이라면 그는 그 목표를 이루는데 그 어떠한 장애물도 원하지 않는다. 자신의 권력을 마음껏 휘두르고 싶어한다. 즉, 누구나 자신은 자유롭기를 원하지만 다른 모든 사람들이 자신만큼 행동의 자유가 있는지를 심각하게 생각하는 건 아니다. 사실, 평등한 자유 - 모든 사람에게 행동의 자유가 최대한 보장되는 사회적 상태 - 를 선호하는 사람은 극히 드물다.

바로 이것이 문제다! 자신을 위한 자유는 생물학적 욕구이지만, 모두를 위한 평등한 자유에 대한 의지는 우리 본성의 조금 더 복잡한 측면으로부터 비롯된다.

## 인간은 사고하고 선택해야 한다

인간이라면 자신을 위한 자유를 원할 수밖에 없다. 이는 생존을 위한 투쟁의 일부요, 존속을 위한 몸부림인 것이다. 이는 인간이 다른 모든 생물과 공유하는 바다. 그러나 인간을 제외한 모든 생명체에는 해당 유기체의 특성을 유지하고 정체성을 보장하는 자기조절 메커니즘(servomechanism)이 내재되어 있다. 나무, 호랑이, 굴, 또는 그 밖의 어떤 생물체라도 말이다.

하지만 진정한 인간은 이와는 다른 종류의 생명체다. 의지를 가지고 하지 않는 이상, 우리는 우리의 본성을 완성, 즉 우리의 잠재력을 완전히 실현 할 수 없다. 우리는 너무나도 자유로운 자유를 타고 나서 자신의 삶을 어떻게 실현할 것인가에 대한 수많은 선택지를 고를 자유가 있다. 당신의 최종 운명은 매일 결단하는 지혜에 달려 있다. 우리가 매일, 그리고 매시간 하는 결정들은 결과를 낳는다. 우리는 그 결과에 책임을 져야 하고 그 결과를 수용하며 살아가야 한다. 이것이 인간만이 처한 상황이다.

동물이 자연의 순리대로 살아가는 것처럼, 우리도 그저 편하게 주저 앉아 자연의 순리에 삶을 맡길 수 있다면 세상은 지금보다 훨씬 더 간단할 것이다. 하지만 그런 일은 절대 일어나지 않는다! 또한, 토마스 헉슬리(T. H. Huxley)가 한 때 바랐던 것처럼 우리는 정해진 대로 작동하는 로봇이 될 수는 없다. "다윈의 불독(Darwin's Bulldog)"이라는 별명을 가진 유명한 과학자, 헉슬리는 "만일 어떤 위대한 힘이 나에게 태엽장치를 달아 매일 아침 일어나기 전에 태엽을 감아서 항상 진실만을 생각하고 옳은 것만을 행동하게 만들 수 있다면, 나는 그 제의에 즉시 동의할 것"이라고 말했다. 하지만 고대하지는 말기 바란다. 그런 제의는 절대 없을 테니까!

우리는 로봇도, 동물도 아니다. 우리는 내면의 자유를 지닌 인간들이다. 이는 우리가 잘못된 선택의 위험이 끊임없이 도사리고 있는 세상에서 선택을 해야 함을 의미한다. 우리는 책임감이 있는 존재이고, 그 부담은 우리를 무겁게 짓누른다. 이것이 우리가 두려워하는 자유다. 온전한 인간성을 이루고자 끊임없이 노력하게 밀어 붙이는, 인간만의 고유한 자유다.

바로 이러한 자유에 대한 두려움에 사회주의가 뿌리를 내리고 있다. 사회주의는 우리 자신이나 다른 그 누군가를 위해서 개인적으로 책임질 필요가 없다고 달콤하게 유혹한다. 우리에 대한 책임은 "그들"이 질 것이며, 동시에 다른 사람들에 대한 어떠한 의무도 덜어주겠다고 한다. 인간으로 살아간다는 것으로부터 오는 부담감은 우리의 어깨에서 덜어질 것이다.

그러므로 인간의 본성은 양면을 드러낸다. 자유로워지고자 하는 생물학적 욕구와 책임을 회피하고자 하는 너무나도 인간적인 욕망이다. 자유로워지려는 생물학적 욕구는 권력을 장악하려는 욕망, 타인을 지배하려는 욕망의 형태로 나타난다. 이는 인간 본성에 내재된 끊임없는 위협이며, 역사책의 모든 페이지가 폭군 및 독재자와의 싸움으로 점철된 이유다.

역사가 끝없는 폭정의 기록이 아니고 자유의 출렁임인 이유는, 인간 본성에 한 자리를 차지하고 있는 이 독재적 추진력의 방향을 재설정 할 수도 있다는 사실 때문이다. 이러한 방향 재설정은 폭정에 대항하는 첫 번째 방어선으로 독재자들이 자신의 권력의지를 도덕적, 종교적으로 억제하는 것이다. 그러면 폭군이 되었을지도 모르는 그 에너지가 건설적인 방향으로 선회한다.

폭정에 대항하는 두 번째 방어선도 있다. 이는 폭정 아래에 놓여질 자들의 정신과 마음 속에 존재한다. 그것은, 18세기의 표현을 빌리자면 "폭군에 대한 저항은 하나님에 대한 복종"임을 단언하는, 마음 깊은 곳에서 나오는 신념이다.

우리 조상들은 생명과 자유가 불가분의 관계에 있고 둘 다 신의 선물이라 믿었다. 자유롭지 않다면 그 누구도 창조주를 온전히 섬길 수 없기 때문에 자유는 생명 자체만큼이나 소중했다. 폭정을 묵인한 자는 자신의 삶의 목적을 이룰 수 없는 것이었다.

이 두 가지 방어선이 모두 정상적으로 작동하는 나라에는 모두를 위한 최대한의 자유가 있다. 한편으로는 내적 통제가 권력에 대한 갈증을 해소시켜주고, 다른 한편으로는 자유 없이는 삶의 목적이 실현될 수 없다는 것을 아는 사람들이 그들의 자유에 대한 아주 사소한 위협까지도 탐지해내려고 주의를 기울일 것이다. 하지만 폭군이 되고자 하는 사람이 권력욕을 제한하는 내면의 힘을 인식하지 못할 때 그리고 대중이 인간 존재가 주는 책임과 부담을 회피하고자 폭군의 다스림을 자청할 때 독재는 완전해진다.

인간으로 살아간다는 것은 우리의 선택과 행동에 대해 전적인 책임을 받아들이는 것을 의미한다. 그러나 팽배해 있는 세속적 이데올로기는 우리에게 자유의지란 존재하지 않으며 우리는 자연과 사회 환경의 최종 산물에 불과하기에 스스로에 대한 책임을 질 필요가 없다고 가르친다. 이 해로운 이데올로기를 받아들이면 자유를 향한 의지는 시들기 마련이다. 폭군의 손아귀 속으로 들어가는 셈이다.

물질적 이데올로기는 대중들에게 책임 따위는 없다고 설득하는 동시에 독재자들에게는 권력에 대한 자제력 따위는 없다고 유혹한다. 독재 정권은 그 뜻을 알아차린다. 준비완료! 이제 20세기 사회주의 물결은 더 이상 미스터리가 아닌 것이다.

이 흐름을 되돌리고 싶은가? 해결책은 매우 간단하다! 우리 외부의 사회 질서는 우리 내면의 정신적 및 도덕적 상황을 반영한다. 사회가 혼란하다면 우리의 정신과 마음 속에 장애가 생겼다고 추론할 수 있다. 위대한 스페인의 철학자, 오르테가 이 가세트(Ortega y Gasset)는 다음과 같이 말했다. "역사의 표면에 나타나는 가시적인 변화에 대한 어떠한 설명도 그것이 인간의 영혼 깊숙한 곳에서 일어나는 불가사의하고 잠재적인 변화를 건드리지 않는 한, 피상적일 뿐이다."[11] 따라서 우리 모두는 먼저 자신을 이해하고 나서 그 이해를 바탕으로 주변을 보아야 한다.

만약 우리가 우리 자신의 생각을 바로잡을 수만 있다면 우리의 삶을 바로잡을 수 있을 것이고, 많은 사람들이 그렇게 한다면 결국에는 우리 자신의 반영(反映)인 이 사회도 스스로 균형을 잡기 시작할 것이다. 느리지만, 유일한 길이다.

국가의 흥망성쇠를 통해 교훈을 얻고자 역사를 돌아보면, 국가가 때가 되어 편안한 죽음을 맞는 경우는 없고 항상 자가중독(自家中毒)으로 죽는다는 것을 배울 수 있다. 동시에, 문명이 내부에서부터 되살아났고 다시 살아날 수 있다는 것도 알게 된다! 과거에 그들이 했던 것을 우리도 오늘날, 그리고 미래에 할 수 있다. 우리가 그렇게 할 의지만 있다면 말이다. 우리 모두는 우리 사회의 회복을 위한 모든 요소를 갖추고 있다. 부족한 것은 의지뿐이다. 그리고 그것을 가능하게 하는 것은 오직 개인의 결정뿐이다!

# 08

# 경이로운 세계

로렌스 W. 리드(Lawrence W. Reed)

추수 감사절은 일년에 단 하루다. 그러나 우리는 감사할 것이 정말 많기 때문에 매일이 감사절이 되어야 할 것이다.

체스터톤(G.K. Chesterton)이 말했다. "나는 감사가 가장 고매한 생각이며 경이감으로 인해 갑절로 커진 행복이라고 주장한다"

체스터톤의 말을, 특히 "경이감"이라는 말을 생각해 보자. 경이로움은 "경탄" 혹은 "숨이 막히는 놀라움"을 뜻한다. 감사가 없는 사람들은 우리를 둘러싼 감탄할 만한 아름다움, 재능들, 성취들에 경탄하거나 놀라지 않는다.

"경이감"이 부족하면 실수도 꽤 하고 적지 않은 불행도 자초하게 된다. 어떤 이들은 우리가 감탄해 마지 않는 것들을 당연하게 여기고 심지어 권리로 여긴다. 모든 것의 해결책이 정부에 있다고 믿는 이들은 그들이 그토록 숭배하는 정치적 권력 이외의 것에서 비롯된 끝없는 경이감은 인식조차 못하는 것 같다.

우리는 멋진 음악에 감동 받는다. 때로 눈물까지 흘린다. 우리의 수고를 덜어주고 삶을 풍요롭게 만드는 발명품들이 계속 쏟아져 나오는 것을 누린다. 음식부터 신발, 책에 이르기까지 모든 것이 풍성히 넘치는 시장이 어디에나 있다. 선조들이 불편을 감수하면서 한 달이나 걸렸을 거리를 단 몇

시간 만에 여행한다.

　1900년 이후로 60세 인구의 기대 수명은 8년 정도 늘어났고, 신생아 기대수명은 놀랍게도 30년이나 증가했다. 1900년대 3대 주요 사망원인은 폐렴, 결핵, 설사였다. 오늘날 우리들은 훨씬 건강하게 살고 있고 주로 심장병이나 암과 같이 퇴행성 및 노화 관련 질병으로 사망할 정도로 장수한다.

　지난 세기, 기술, 통신, 교통은 급속도로 발전하여 세계의 어떤 도서관도 그 놀라운 성취를 다 담기 어려울 정도다. 나는 자동차 안에서 중국에 있는 친구에게 전화를 하거나 휴대전화 앱으로 가장 가까운 커피 전문점을 찾을 수 있다는 사실에 감탄을 금할 수 없다. 나는 미대륙을 횡단하는 비행기를 탈 때마다 놀랍기가 그지 없는데, 심기가 불편한 옆자리 승객은 승무원이 오믈렛에 넣을 케첩을 주지 않는다고 불평한다.

　이렇게 경이감을 자아내는 것들 중 그 어느 것도 필연적이고 자동적이며 확실하게 보장된 것은 없었다. 대부분은 창의력의 대가(大家)들이 우리들에게 준 선물인데, 그들은 그렇게 해야 한다고 명령을 받아서가 아니라 그렇게 했을 때 대가(代價)와 성취감을 얻기 때문이었다. 즉, 보상과 개인의 이익 및 이윤추구의 동기가 있었다. 어떤 이들은 그것을 보고 감탄하고 감사하고 행복을 느끼고 영감을 얻는다. 어떤 이들은 질투하고 거북해하고 분노하고 쉽사리 만족하지 않는다. 어떤 이들은 뭐가 뭔지도 모른다. 그저 자신의 원대한 구상에 따라 세상을 세세하게 관리하느라 분주할 따름이다.

　밖에 있을 때면 나는 항상 감각이 예민해진다. 자연을 느낀다는 면에서 말이다. 식물들, 동물들, 별들, 그 모든 "것"들이 나를 황홀하게 한다. 나는 잡초의 이름을 알고 싶고, 새들이 향하는 곳과 이동하는 이유를 알고 싶고, 별들의 이름을 알고 싶다. 최근에 강아지들과 산책하는 동안 자연의 경이를 연이어 만날 수 있었다. 멋진 조지아 주(州)의 아침에 만개한 인동덩굴 내음이 있었고, 이어 이웃 집 마당에는 장미가 내뿜는 아찔한 향기가 있었으며, 집에 돌아오니 몇 주 전에 심었던 화려한 색감의 꽃들이 뒤엉킨 덩굴과 드리워진 하비스커스가 있었다. 내 머리 속에서는 도저히 나올 수 없는 세계를 보며 내내 경이감에 사로잡혀 있었다. 그것은 죽을 수 밖에 없는 유한한 인간은 누구라도 결코 복제하거나 계획할 수 없는 인간세계 너머의 것이었다.

경제학자로서 나는 이러한 것들을 관찰하면서 경제적 시사점을 이끌어내지 않을 수 없다. 이것을 하이에크만큼 잘 표현한 경제학자도 없다. "경제학이 호기심을 품고 해결해야 할 과제는, 인간이 만들어낼 수 있다고 상상하는 것들에 대해 실제로 인간이 얼마나 무지한 지를 입증하는 것이다." 40년 전 가을날 노벨상 수상 연설에서 하이에크는 이것을 멋지게 설명했다.

> 만약 사회 질서를 향상시키려고 노력할 때 유익은 주지 못할 망정 해를 끼치지 않으려면 알아야 할 것이 있다…… 어떤 일을 완벽하게 이루어 내는 지식은 완전하게 습득할 수가 없다. 그러므로 장인이 손수 작품을 빚는 것처럼 결과를 만들어내기 위해서가 아니라, 정원사가 식물들에게 하듯 적절한 환경을 조성하여 성장할 수 있도록 경작하는 데 습득한 지식을 사용해야 한다.

중앙 계획자는 완벽하게 조성된 분재나 장미 덩굴처럼 인간도 솜씨 좋은 가지치기가 필요하다고 말할 것이다. (그리고 자신이 맨 앞에 서서 매 순간 즐기면서 가지치기를 할 것이다) 분재 나무나 장미 덩굴을 자르고 묶어서 좋은 모양을 만들 수는 있다. 그러나 동료 시민들에게 그와 비슷한 일을 한다고 해 보자. 그들은 절대 다시 잎이 자라거나 만개하지 않을 것이다.

물론, 인간을 자연 세계에 빗대어 말하는 것은 한계가 있다. 나는 그저 독자들이 생각을 환기시키고 세상을 최대한 있는 그대로 받아들이도록 자극을 주고 싶을 뿐이다. 그렇게 하려면, 인간은 본래 로봇이 아님을 다시 한 번 되새기는 것이 도움이 된다. 우리는 프로그래머가 기계를 조작하듯 쉽게 계획될 수 있는 존재가 아니다. 어린아이들에게는 부모가 중앙 계획자다. 그러나 자라는 과정에서 부모는 아이들을 홀로 서게 놔두어야 한다. 우리 개개인에게 스스로 계획할 자유가 주어질 때, 우리는 앞으로 더 나아가는 경향이 있다. 그럴 때 놀라운 일이 생긴다.

경제교육재단(FEE)의 설립자, 레너드 리드(Leonard E. Read)는 1958년 아주 절묘한 사실을 설명하는 〈나, 연필(I. Pencil)〉이라는 글을 썼다: 아주 간단한 연필을 어떻게 만드는 지 아는 사람이 없어도 연필뿐만 아니라 더 복잡한 것들도 매일 산더미처럼 생산된다. 이는 어떻게든 수백만 사람들의 경제를 계획할 수 있다고 생각하는 사람들을 겸손하게 만든다.

세계의 경이로움을 목격하면 할수록, 수많은 개개인들의 결정으로 만들어지는 타인의 삶과 경제에 하나님 노릇을 하고 싶지 않을 것이다.

"계획"이라는 것에 대해서 한 가지 더 말하자면, 문제는 계획을 하느냐 마느냐가 절대 아니다. 현인들이 인간 사회를 관찰하며 지적한 바, 권력이 없는 개인들의 계획을 좀 더 권력 있는 사람들의 계획으로 대치하느냐 마느냐가 핵심이다. 하이에크는 말했다. "국가가 계획을 하면 할수록 개인들을 위한 계획은 더욱 더 힘들어진다."

진보 성향의 지식인들과 그의 추종자들은 정부의 권력을 사용해서 이룰 수 있는 것들에 전율을 느낀다. 그들이 장미의 향을 맡기 위해 가던 길을 멈춘다면 어쩌면 도움이 될 지도 모르겠다. 자연 세계처럼 자유로운 환경 속에 실재하는 인간의 삶이 실제로 성취하는 것은 훨씬 더 경이롭다.

# 09

# 사회주의 심리학

브리트니 헌터, 댄 산체스(Brittany Hunter and Dan Sanchez)


나(브리트니)의 모교에서 가장 크고 활발한 동아리 모임은 '학생 혁명 연맹'이었다. 학교에 상주하는 마르크스주의자들로 알려져 있었다. 그 시절에도 나는 사회주의를 극심하게 반대했다. 그러나 그 때 나는 그들이 틀렸다는 생각만 한 게 아니었다. 그들은 너무나 불행해 보였다. 강의실에 들어올 때 그들의 표정은 항상 잔뜩 찌푸려 있었다. 그들은 자본주의의 폐해뿐만 아니라 그들 개인의 삶과 학교 생활에서 겪는 깊은 좌절들 및 부당하다고 생각되는 것들에 대해 늘 불평불만이 가득했다.

나는 종종 그들의 엉망진창인 삶과 사회주의 이데올로기 사이에 어떤 연결고리가 있는 것인지 궁금했다.

이 젊은 혁명가들은 삶에서 겪는 모든 좌절들이 그저 다른 사람들의 잘못 때문이었다. 만족스러운 학점을 받지 못하면 부르주아 교수들을 비난했다. 자신들의 지적 능력에 걸맞다고 여겨지는 일자리가 없으면 그들을 방해하는 자본주의 시스템에 비난의 화살을 날렸다. "적대 계급"을 희생양삼는 그들의 성향은 단지 사회적 병폐뿐만 아니라 그들 자신의 개인적인 문제 때문이기도 했다.

그들은 다른 사람들을 비난하면서 자신의 문제에 대한 책임을 회피해버렸다. 자기연민에 빠져 불평만 늘어놓으면서 시간과 힘을 낭비했고, 삶의 주도권을 잡고 문제들을 해결하는 대신 보상이나 기대하면서 아무것도 하지 않았다. 그 결과 그들의 좌절은 깊어지기만 했다.

그런 태도 때문에 그들은 인생의 가장 큰 즐거움도 잃어버렸다. 바로 다른 사람의 행복에 공감하고 같이 기뻐하는 즐거움이다. 모든 것이 제로섬 게임인 마르크스주의자들의 사고방식으로 볼 때, 다른 사람들의 번영은 바로 나의 가능성을 희생한 것이었다. 그래서 그들은 자신보다 더 성공한 사람들에게는 무조건 분노했다. 자신의 삶을 향상시키기 보다는 다른 사람들을 끌어 내리는 데 혈안이 되어 모든 기력을 쏟아 부었다.

만약 나의 학교 동기들이 어떻게 해서든 이 나라에 사회주의를 실현한다면 심각하고 광범위한 참상이 발생할 것이다. 단지 그들의 생각 속에 자리 잡은 사회주의 사상만으로도 이미 그들의 삶은 비참하기 이를 데 없었다.

## 사회주의의 심리적 뿌리

사회주의를 고집하는 자신들의 삶은 불행한 와중에, 고전적 자유주의와 자본주의는 사회 전반을 풍요롭고 자유롭게 하는 반면 사회주의는 사회 전체를 노예로 만들고 빈곤에 빠지게 만든다는 경제적 논리와 증거들이 넘쳐나는데도, 그 젊은 사회주의자들은 여전히 사회주의 이데올로기에 집착했다. 그 이유가 무엇일까?

루트비히 폰 미제스에 따르면, 그것은 단순히 경제적 무지나 일반적인 지적 오류의 문제가 아니다. 오히려, 심리적인 문제다. 미제스는 한 발 더 나아가 사회주의의 뿌리는 노이로제라고까지 주장했다.

> ······자유주의를 반대하는 그 뿌리는 이성적인 방법으로는 찾을 수 없다. 그 반대는 이성이 아니라 병든 정신 상태에서 기인한다. 프랑스 사회학자의 이름을 따온 푸리에 콤플렉스(Fourier complex)라 할 수 있는 분노와 신경질적 상태.

사회주의자들의 사고방식은 분노, 이 한 마디로 요약할 수 있다. 미제스는 말했다.

> 분노란 누군가의 더 나은 상황이 너무나도 싫어서 그것에 해를 가할 수만 있다면 어떤 손해도 감수하겠다는 마음상태에서 일어난다. 자본주의를 공격하는 많은 사람들은 다른 어떤 경제제도도 자본주의보다 더 낫지 않다는 것을 잘 알고 있다. 하지만, 그 사실을 충분히 인지하고 있으면서도 개혁, 즉 사회주의를 옹호한다. 그들이 시기하는 가진 자들 역시 사회주의 치하에서 고통 받기를 바라기 때문이다.

심리학자 조던 피터슨(Jordan B. Peterson) 역시 사회주의란 분노를 연료로 삼은 체제라고 규정한다. 그는 전문가 토론에서 이렇게 말했다.

> 사회주의의 단점은 당신보다 더 많은 것을 가진 사람들은 모두 그것을 당신에게서 빼앗아왔다고 간주하는 것입니다. 인간에게 내재되어 있는 가인[12]과 같은 심정을 대놓고 자극하는 것이죠. 나보다 더 많이 갖고 있는 사람들은 모두 부정한 방법으로 취득했으니 내가 시기하는 것은 당연한 일이고, 그것을 평등하게 하고자 취하는 나의 행동들은 정당화됩니다. 그렇게 하는 것이 정의로워 보이는 거죠. 지금 인간 정신에 반(反)하는 병적인 심리가 몰고 가는 거대한 분노의 철학이 존재한다고 생각합니다.

분노의 나락에 있는 사람들은 적대 계급이 그들과 함께 고통 받을 수만 있다면 자신의 성공 보다는 실패를 원할 것이다. "비참함은 함께 할 동료를 원한다"는 문구가 사회주의 사고방식과 아주 잘 들어맞는다.

미제스가 설명했듯, 사람들은 분노와 희생양 삼기가 비록 아주 찰나지만 나름의 위로를 주기 때문에 종종 집착한다.

> 여기서 우리가 우려하는 것은, 사회적으로 실패했을 때 사회주의가 주는 위로라는 것이 열망하던 고귀한 목표를 얻지 못한 원인이 개인의 부적합성이 아니라 사회 질서의 결함 탓이라고 전가하는 믿음이기 때문이다. 불평분자는 결함

이 있는 사회 질서를 전복함으로써 기존의 체제가 그에게서 빼앗아간 성공을 기대한다.

그래서 미제스는 "……현대인들에게 사회주의는 세속의 적과 싸우는 묘약"이라고 말한다.

이렇게 강박적이고 건강하지 못한 태도 때문에 계급의 전사들은 마음을 닫고 새로운 사상에 좀처럼 귀를 기울이려 하지 않는다. 미제스가 말한 대로, 사회주의는 열등심리에 대한 방어기제다.

> 사회주의 신경증 환자들은 "구원의 거짓말"에 집착한다. 그리고 거짓말과 논리 중에 선택해야 하는 순간이 오면 논리를 버린다. 왜냐하면 사회주의 사상 속에서만 받을 수 있는 위로 없이는 살 수가 없을 것만 같기 때문이다. 사회주의 사상은 그의 실패가 그 자신의 문제가 아니라 사회의 문제라고 말한다. 그래서 이런 확신 덕분에 움츠려진 자신감을 회복하고 열등감에서 벗어난다.

## 당신의 환경을 바꿀 수 있는 건 오직 당신 자신 뿐이다

다행스럽게도 이러한 종류의 노이로제는 치료가 가능하다. 그러나 개인의 노력이 필요하다. 미제스는 말했다.

> 푸리에 콤플렉스로 고생하는 모든 사람들을 정신분석 치료를 받으라고 의사에게 보낼 수는 없는 노릇이다. 그 수가 너무나도 많기 때문이다. 이런 경우에는 환자 스스로 치료하는 수 밖에 없다.

자가 치료의 시작점은 각 개인이 분노, 시기, 희생양 삼기가 그저 좌절, 침체, 불필요한 고통만 유발한다는 사실을 인지하는 것이다.

우리 모두는 자신의 삶을 향상시키는 것이 어렵고 시간이 걸리는 일일지라도 해내야 할 책임이 있다. 심리학 교수 조던은 개인들이 분노와 자기 연민을 버리고 스스로의 삶에 책임을 지도록 돕는 일로 명성이 높다. 그는 정치적 선동과 언쟁이 아니라 스스로 삶의 책임을 지도록 돕는 것이 사회주의나 다른 유해한 신조에 빠지게 만드는 정신병적 성향을 극복하도록 돕는 최선의 방법이라고 주장한다. 그는 질의 응답 시간에 그런 사람들에게 다음과 같은 조언을 해 주었다.

> 자, 우리는 당신이 한 개인으로서 잘 살기를 진심으로 바랍니다. 우선 광신적 집단과 관계를 끊으세요. 그 이데올로기적 집착의 그늘에서 빠져 나오세요. 그리고 어엿한 성인으로서 빛을 향해 나아가세요.

사회주의와 심신 쇠약을 야기하는 분노에 대한 해독제는 개인의 심사숙고와 행동이다. 자신의 내면을 보면서 스스로를 향상시키려고 노력하면 분노는 사라지기 시작하고 능률은 향상되며 삶이 나아지고 있음을 알게 될 것이다. 그리고 사회주의를 버린다면 놀랄만한 효과를 얻을 것이다.

제3장

복지는 다 좋아?

쳐들어 오는 적군에게는 저항하다. 그러나 스며 들어오는 사상에는 저항하지 않는다.

— 빅토르 위고

# 10

# 북유럽은 사회주의인가?

Corey Iacono(코리 이아코노)

　버니 샌더스는 "민주사회주의"라는 용어를 현대 미국 정치 어휘록에 올렸고 정치에 냉담했던 수백만의 젊은이들을 뒤흔들어 놓았다. 민주당 대통령 후보로 지명 받지는 못했지만 미국 정치에 끼친 그의 영향력은 앞으로도 수년간 살아 있을 것이다.
　샌더스 때문에 수많은 사람들이 아주 오랫동안 미국인 대다수의 일이 잘 안 풀리고 있다고 확신하게 되었다. 그래서 그의 해결책은 무엇인가? 어떤 면에서는 미국보다 더 잘 사는 스웨덴 같은 북유럽 국가에서 잘 작동하고 있는 것처럼 보이는 사회경제제도, "민주사회주의"를 미국이 수용해야 한다는 것이다.
　민주사회주의는 국가의 생산수단 통제와 다수결 원칙의 융합을 주장한다. 그러나 북유럽 국가들은 민주사회주의의 타당한 예가 될 수 없다. 왜냐하면 그들은 사회주의자가 아니기 때문이다.

## 사회민주주의는 민주사회주의가 아니다

선진국들이 모두 그렇듯, 북유럽 국가에서 생산수단의 소유자는 공동체나 정부가 아니라 개인이며, 자원은 정부나 공동체의 계획이 아니라 시장을 통해 각 사용처에 분배된다.

북유럽 국가들이 방대한 사회 안전망이나 보편적 의료 서비스를 제공하는 것은 사실이지만, 확대된 복지 국가가 사회주의와 동일한 것은 아니다. 샌더스와 그의 지지자들이 사회주의라고 혼동한 것은 사실 사회민주주의(Social democracy)로, 자본주의 경제 틀 안에서 중과세와 지출 확대로 공공복지를 증진시키는 것이 정부의 목적인 체제다. 이것이 바로 북유럽에서 실현되고 있는 것이다.

덴마크 수상이 최근 하버드 케네디 스쿨 공공정책 강의에서 덴마크를 사회주의체제로 자주 언급하는 미국인들에게 이렇게 말했다.

> 일부 미국인들이 북유럽 경제체제를 일종의 사회주의라고 말하는 것을 알고 있습니다. 그래서 한 가지를 명확히 말하고 싶습니다. 덴마크는 절대 사회주의 계획경제가 아닙니다. 시장경제입니다.

## 세계 무역 및 개인 선택의 수용

북유럽 국가들은 일명 '북유럽 모델'이라고 알려진, 대규모 복지를 동반한 자유시장 자본주의를 채택하고 있다. 북유럽 모델에는 민주사회주의자들이 질색할 만한 정책들이 많이 있다.

예를 들어, 민주사회주의자들은 일반적으로 세계 자본주의와 자유 무역을 반대하지만, 북유럽 국가들은 이를 적극 수용해 왔다. 〈이코노미스트(The Economist)〉는 북유럽 국가들을 "국가의 대표 기업들을 보호하기 위한 정부개입의 유혹조차 단호히 거부하는 용감한 자유 무역주의자들"이라고 묘사한다. 아마도 그래서 덴마크, 노르웨이, 스웨덴이 가장 세계화된 국가들인 것이다. 또한, 이 나라들은 모두 세계에서 사업하기 좋은 나라 10위권 안에 들어 있기도 하다.

버니 샌더스 지지자들은 최저임금에 대해 어떻게 생각할까? 스웨덴, 노르웨이, 덴마크에는 정부가 노동자들을 위해 강제로 만든 든든한 마룻바닥 따위는 찾아 볼 수가 없다. 대신 최저 임금은 노조와 사측간의 단체교섭을 통해 결정되며, 산업이나 직무에 따라 다양하다. 노조가 합의한 임금 때문에 비숙련 노동자들의 노동시장 진출이 어렵기도 하고 경제적 손실이 있기도 하지만, 그렇게 분산된 제도는 중앙정부가 전국 모든 직업군에 한 가지 임금 정책을 적용하는 것보다는 훨씬 더 좋은 방식임이 분명하다.

스웨덴은 버니 샌더스를 지지하는 젊은 미국인들이라면 급진적인 자본주의 정책으로 여길 만한 보편적 학교 선택 제도를 1990년대에 채택했다. 이는 자유주의 경제학자 밀턴 프리드먼(Milton Friedman)이 1955년 에세이 〈교육에서 정부의 역할(The Role of Government in Education)〉에서 제안한 제도와 거의 동일하다.

스웨덴의 지방 정부는 학부모들이 자녀들의 사립학교에 재정 지원을 할 수 있도록 공공기금으로 바우처를 발행한다. 심지어 이익만을 추구하는 기업들이 운영하는 사립학교도 지원할 수 있다.

사회주의자들이 예측한 실패와는 정반대로, 스웨덴의 교육 개혁은 상당한 성공을 거두었다. 노동연구기관이 펴낸 보고서에 따르면, 스웨덴의 자유로운 교육시장개혁이 촉발한 사립학교와 경쟁의 확대는 "의무교육을 마친 학생들의 평균 성적도 향상시키고 장기적으로 고등학교 성적, 대학 출석 및 교육과정에도 긍정적인 영향을 미쳤다."

전반적으로, 북유럽 국가들이 성공한 민주사회주의의 전형(典型)이 아닌 것은 확실하다. 샌더스는 실제와는 다른 사회주의로 수많은 사람들을 현혹하고 있다. 게다가 북유럽 국가의 실상이 자신이 지지하는 많은 정책들과는 거리가 멀 때도 많았고 때로는 완전 반대인 것도 묵과한 채, 사회주의의 효율성을 입증한다는 명목으로 북유럽 국가들을 이용해 왔다.

# 11

# 북유럽 복지의 실체

니마 사난다지(Nima Sanandaji)

　새로운 아메리칸 드림을 덴마크에서 찾아야 한다는 것이 미국 좌파들의 주장이다. 자유시장에 대한 지지가 줄어드는 가운데, 많은 미국인들이 북유럽 국가들로부터 영감을 받은 민주사회주의의 도입에 희망을 걸고 있다. 민주당 경선이 치러지던 몇 달 동안 예상 밖의 인물인 버니 샌더스가 선거자금도 훨씬 많이 모이고 인력도 넘쳐났던 힐러리 클린턴(Hillary Clinton)과 경쟁할 수 있었던 원동력은 바로 북유럽 복지 모델의 도입에 관한 탐색이었다. 그러나 북유럽식 복지의 도입은 같은 당 대통령 후보자였던 힐러리 클린턴도 지향하는 바였다. 진보 뉴스 웹 사이트 〈Vox〉의 편집장 에즈라 클라인(Ezra Klein)은 설명했다. "클린턴과 샌더스는 둘 다 미국이 덴마크처럼 되길 바란다. 후한 육아 휴직 정책을 실시하고, 정부가 나서서 약값을 조정하고, 사회 안전망을 강화하고 싶어 한다."

## 구세대(舊世代)를 벗어나

　민주사회주의로 방향을 돌리는 일은 미국 정치의 흐름을 완전히 바꾸는 것이다. 미국인들은 오랫동안 관대한 복지 국가보다는 작은 정부와 자유시장을 선호해 왔다. 그러나 여론이 달라지고 있다. 최근 하버드 대학 연구에 따르면, 젊은이들 상당수가 자유시장제도를 신뢰하지 않는다. 18~34세 미국인 중에 단지 38%만이 자본주의를 지지한다. 이는 사회주의를 지지하는 33% 보다 아주 조금 높을 뿐이다. 50~64세 중년세대는 52%가 자본주의를 선호하고 단지 15%만이 사회주의를 선호하는 것과는 아주 대조적이다. 65세 이상 노년 세대는 겨우 7%만이 사회주의를 지지하는 반면, 60%가 자본주의를 신뢰한다.

동일한 여론 조사에서, 사회주의자라고 자칭하는 버니 샌더스는 단연코 젊은이들이 가장 선호하는 대통령 후보자였다. 과반수가 넘는 54%가 샌더스에게 호의적이었다. 이와 비교해 볼 때, 힐러리 클린턴은 37%, 도널드 트럼프(Donald Trump)는 겨우 17%의 지지를 받았다.

미국 의회 역사상 가장 오랫동안 무소속 의원으로 활동하다가 2015년에 민주당에 합류한 버니 샌더스는 한물간 사회주의자였다. 최근 그의 인기는 기발하게 말을 바꾼 덕분이다. 샌더스는 일반적인 사회주의가 아니라 콕 집어서 북유럽식 민주사회주의를 지지한다고 말한다.

### 시도해 보았고, 실패했다

이 시대에 '순수' 사회주의에 대한 열정을 불러 일으키는 것은 거의 불가능하다. 그 제도는 실패했다. 사회주의를 도입했던 모든 나라들은 인간을 엄청난 불행 속으로 밀어 넣었다. 소련, 쿠바, 베네수엘라, 북한은 도저히 좋은 본보기일 수 없다. 마지막으로 남은 사회주의 대국인 중국은 많은 면에서 자본주의 경제로 변모하고 있다. 지금 입지를 넓히고 있는 것은 덜 급진적인 민주사회주의다.

민주사회주의의 인기가 미국 좌파 사이에서 날로 높아지고 있다. 그 주된 이유는 좋은 본보기가 존재한다는 것이다. 사실, 사회민주주의 정책들을 실시하고 있는 나라들, 즉 북유럽 국가들은 좌파들이 원하는 미국의 모습을 두루 갖추고 있는 것 같다. 경제적으로 번영하고 있으나 평등하고 사회적으로도 성공하였다. 버니 샌더스는 말했다. "우리는 덴마크, 스웨덴, 노르웨이 같은 나라들을 봐야 합니다. 그리고 그들이 노동자들을 위해 성취한 것들을 배워야 한다고 생각합니다."

만약 미국에 민주사회주의가 도입된다면, 미국은 좀 더 평등하고 번영하며, 사회 문제들을 더 잘 대비할 수 있을까? 그런 제도를 갖추면 계층 간의 이동이 자유로운 아메리칸 드림이 이루어질 것인가? 북유럽 복지 제도를 채택하면 미국인들은 수명도 늘어나고 빈곤도 타파할 수 있을 것인가? 버니 샌더스, 민주당 열성 지지자들, 중도 좌파 지식인들, 기자들에 따르면, 그 대답은 긍정적인 것 같다. 그러나, 나의 신작 『유토피아가 아님이 드러났다 - 북유럽 사회주의에 대한 그들의 헛된 신념을 폭로하며(Debunking Utopia - Exposing the myth of Nordic socialism)』에서 말했듯, 많은 것들이 북유럽 사회에 대한 오해에서 비롯되었다.

- 북유럽 사회가 복지 대국이면서 생활 수준도 높은 것이 사실이다. 그러나 높은 세율이 생활 수준을 심각하게 저해함을 많은 연구들은 보여주고 있다.
- 북유럽 국가들은 다른 분야에서 강도 높은 노동 윤리를 시행하고 시장친화적인 개혁을 실행하면서 대규모 공공분야의 손실을 보충하고 있다. 여기서 미국이 분명하게 배워야 할 점은 세금이 높을수록 경제가 번영하는 것이 아니라는 사실이다. 오히려 그 반대다.
- 북유럽 사회가 광범위한 복지 제도를 도입하고 나서 번영한 게 아니다. 그들은 자유경제제도 안에서 낮은 세금 제도와 소규모 복지를 시행했던 20세기 중반 이미 경제적으로, 사회적으로 독보적인 성공을 거두었다.
- 북유럽 국가들이 보여주는 높은 수준의 평등, 경제적 번영, 높은 수준의 신뢰, 여타 유리한 사회적 특질들은 독특한 정책이 아니라 독특한 문화에 기인한 것 같다. 스페인, 이탈리아, 프랑스 역시 민주사회주의 이상에 기반한 복지 대국을 지향해 왔다. 왜 미국 좌파들은 미국 사회가 대규모 복지 정책을

도입한 후에 남부 유럽의 길을 걸을 수도 있다는 것은 생각지 않는 것일까?
- 시간이 흐르면서 방만하게 복지 정책을 실시한 북유럽 국가들의 복지 의존성은 눈덩이처럼 커졌다. 이는 점진적으로 책임감이라는 강력한 사회규범을 무너뜨렸고 북유럽의 경제 성공을 약화시켰다. 게다가 큰 정부가 경제 성장을 가로막고 있다. 그래서 지난 수 십 년 간 북유럽 국가들은 서서히 복지 규모를 줄이고 시장을 개혁하며 세금을 줄이고 있다.
- 자유로운 이민자 유입과 높은 세금, 관대한 복지 제도의 결합이 스웨덴에서는 결코 성공적이지 않았다. 2015년 스웨덴이 실험적으로 시행했던 국경 개방 정책은 대규모 난민 유입으로 이어졌다. 그들은 새로운 나라에 융화되는 데 큰 어려움을 겪고 있다. 그래서 사회 긴장감이 높아지고 빈곤이 깊어졌다. 오히려, 미국, 캐나다, 호주, 뉴질랜드, 심지어 영국 같은 나라들이 외국인 노동자들을 훨씬 더 잘 포용하고 있다.

마지막으로, 북유럽 식의 민주사회주의 이상이 미국과 다른 나라의 좌파들 사이에서는 엄청난 인기몰이를 하고 있지만, 정작 북유럽에서 사회 민주주의는 그 어느 때보다도 힘을 쓰지 못하고 있다. 덴마크에서는 사회 민주주의자들이 앞장 서서 대규모 시장 개혁을 도입했고 훨씬 더 축소된 복지 국가를 외치고 있다. 북유럽 국가들 중 현재 유일하게 중도좌파 정부가 이끄는 스웨덴에서 집권당인 사회 민주당은 현대 역사에 유례없는 지지율 바닥을 보이고 있다.

미국 좌파들이, 그리고 대다수 전 세계 좌파들이 열정적으로 북유럽 식의 민주사회주의를 요구하는 시점에서 그 제도의 장점과 단점에 대해 좀 더 알아보는 것도 가치가 있지 않을까?

# 12

## 라인강의 기적에 사회주의 숟가락을 얹지 말라

카이 바이스(Kai Weiss)

지난 세기 좌파들은 다양한 정치적 활동들을 사회주의의 성공이라고 포장했다. 처음에는 성공이라는 말을 열심히 갖다 붙이다가, 항상 그렇듯 처음에는 성공인 것처럼 보였지만 결국에는 실패와 비참함만이 남게 되어 우리 모두가 진실을 알게 되면 그것은 진짜 사회주의가 아니었다고 말을 바꾼다. 그 목록이 아주 길다. 소련, 마오쩌둥의 중국, 쿠바, 남아메리카에서부터 심지어 북한 같은 나라까지.

가장 최근에는 베네수엘라, 아르헨티나, 브라질 같은 나라에서 고전적인 사회주의가 연달아 실패하고 있는 가운데, 좌파들은 좀 더 온건한 사회주의, 이른바 "민주사회주의"라고 부를 만한 성공 사례들에 눈독을 들이고 있는 것 같다. 이 새로운 전략에 가장 많이 이용되는 것이 바로 북유럽 국가들이다. 그들은 사회주의의 성공 사례가 아님이 수없이 입증되었어도, 심지어 덴마크의 수상이 2015년에 "덴마크는 사회주의 계획경제가 절대 아닙니다. 덴마크는 자유시장경제입니다"라고 선언까지 하기에 이르렀지만, 이에 아랑곳하지 않고 북유럽 국가들은 사회주의의 성공 사례로 종종 이용되고 있다.

나의 조국 독일은, 지금까지는 사회주의의 대표적인 성공 사례로 언급되지 않았던 나라다. 하지만, 이제 시작된 듯 하다. 몇 주 전, "사회주의가 제대로 작동하고 있는 것 같은 독일은 어떤가요?"라고 질문하는 이메일을 받았기 때문이다.

물론, 좌파들이 독일의 성공이 사회주의 영향 때문이라고 주장할 수만 있다면 굉장한 일일 것이다. 사실, 독일은 오랜 기간 동안 심각한 경제 개입을 실행한 나라이기도 하다.

1871년부터 1890년까지 독일 제국의 수상이었던 오토 폰 비스마르크(Otto von Bismarck)는 오늘날 우리가 익히 알고 있는 것처럼 최초의 근대 복지 국가를 시작하였다. 그는 구스타프 슈몰러(Gustav Schmoller)가 이끈 신역사학파의 도움을 받았다. 신역사학파는 칼 멩거(Carl Menger) 및 떠오르는 오스트리아학파와 그 유명한 방법논쟁[13](Methodenstreit)을 벌였을 뿐 아니라 국가가 경제에 개입해야 한다고 지속적으로 주장했다.

이러한 독일 경제의 흑역사는 계속 이어져 과도한 통화 공급으로 1923년 하이퍼 인플레이션이 발생했고, 뒤이어 집산주의적 권리가 부상하였다. 히틀러가 권력을 잡게 되자, 나치는 경제를 극도로 규제하였다. 그들이 모든 사유재산을 공유화하지 않았기 때문에 사회주의자가 아니었음은 분명한 사실이다. 그러나 명목상으로는 엄연히 사유재산이 보장되었지만, 문제는, 사유재산으로 할 수 있는 것이 아무 것도 없었다. 사유재산으로 기업 혁신을 이끌 수 있는 기업가들은 더 이상 존재하지 않았다. 그저 중앙계획명령에 따라 기업체를 운영하는 작업장 관리자(Betrievsfürer)만 있을 뿐이었다. 경제는 침체되었고, 사람들은 굶어 죽기 직전이었으며, 제2차 세계대전이 끝난 후, 나라 전체는 폐허가 되었다.

### "경제 기적"

하지만 과거 독일의 사회주의 혹은 적어도 정부 개입적 기조는 제2차 세계 대전을 계기로 전환되기 시작한다. 그리고 그 이후에, 오랜 기간 독일의 눈부신 경제적 성공, 유명하다 못해 경이롭기까지 한 라인 강의 기적(Wirtschaftswunder)이 펼쳐진다.

대개는 미국의 마셜플랜(Marshall Plan)을 급속한 경제 성장의 원동력으로 알고 있다. 막대한 원조금 지원이 독일 경제를 재건하였다는 것이다. 그러나 그것은 틀렸다. 게다가, 이는 심각한 문제다. 왜냐하면 오늘날까지 중동 지역 같은 곳에서 국가를 건설한다거나 아프리카에 수십억 달러의 원조금을 보내는 것이 효과가 있으리라는 신화를 부추기는데 일조하기 때문이다. ("독일에서도 효과가 있었으니……")

마셜플랜의 효과는 데이비드 헨더슨(David Henderson)이 설명한 대로 극히 미미하였다. [좀 더 상세한 것은 타일러 코웬(Tyler Cowen)의 에세이 참조]

> 서독에 대한 마셜플랜 원조는 그리 크지 않았다. 마셜플랜과 다른 원조 프로그램들로부터 온 지원금은 1954년 10월까지 모두 합쳐 20억 달러에 불과하였다. 원조가 최대치에 달했던 1948년과 1949년에도 마셜플랜의 원조는 독일 정부 수입의 5%가 채 되지 않았다. 마셜플랜으로 상담한 금액의 원조를 받는 다른 나라들은 독일보다도 낮은 경제 성장을 보였다.

그런데, 왜 "라인 강의 기적"이 일어났을까? 헨더슨은 두 가지 이유를 말한다. 하나는 화폐 개혁, 또 하나는 가격 통제 철폐와 세금 감면을 통한 경제 자유화. 두 가지 정책의 실행은 단 한 사람 덕분이었다. 바로 루트비히 에르하르트(Ludwig Erhard).

나치에게 협력하기를 거부하였기 때문에 제2차 세계대전 당시 실업자였던 에르하르트는 탈 나치화(de-Nazification)라는 연합군의 목적에 가장 적합한 사람이었다. 그리고 자유시장 옹호자들에게 특히 더 좋았던 것은, 그가 빌헬름 뢰프케(Wilhelm röpke)와 프리드리히 하이에크, 그리고 질서자유주의 정책을 옹호했던 발터 오이켄(Walter Eucken)이 이끈 프라이부르크학파(Freiburg School)의 영향을 받았다는 점이다. 질서자유주의(ordoliberals)는 완전히 자유로운 시장을 옹호하지는 않지만, 아주 비슷하다고 할 수 있다. 그들은 정부가 국가 경제의 큰 틀만을 제시하고, 약간의 복지를 제공하며, 독점 기업들이 나타날 때 독점 금지 조치들을 취해야 한다고 생각한다.

에르하르트는 적대적인 분위기 속에서 대부분은 엄두조차 낼 수 없는 일들을 이루어 냈다. 전후(戰後), 지속적으로 독일을 통제했던 연합군은 나치의 가격 통제와 배급제를 그대로 유지하고 있었다. 에르하르트는 서독의 재무 장관이 되자마자 재빨리 모든 가격 통제와 배급제를 중단했다. 미국 자문단들은 경악했다. 에르하르트는 새로운 정책들을 실행하면서 미국의 클레이(Clay) 장군과 대립했다.

> 클레이: 에르하르트씨, 내 자문단들이 당신이 끔찍한 실수를 저지르고 있다고 하던데, 당신은 어떻게 생각하시오?
>
> 에르하르트: 장군님, 그들 말에는 신경 쓰지 마십시오. 내 자문단들도 똑같은 이야기를 합니다.

로베르토 벤젤(Robert Wenzel)이 에르하르트를 "역사상 가장 위대한 정책 수립자"라고 부르는 것은 당연하다. 에르하르트는 분명 승산 있는 경기를 하고 있었다. 마셜플랜과 같은 케인즈주의 정책이 아니라, 에르하르트가 기적을 일구어 냈다. 사실, 그것은 에르하르트가 자신의 책 『경쟁을 통한 번영(Prosperity Through Competition)』에서 인정했듯 기적이 아니었다.

> 독일에서 일어나고 있는 일들은……결코 기적이 아니다. 자유라는 원칙을 충실하게 지키며 개인의 주도권과 인간의 에너지를 충분히 발휘할 수 있는 기회가 주어진 모든 국민들이 정직하게 노력하여 얻어 낸 결과다.

## 유럽의 "안정적인" 통화가 된 독일의 마르크화

두 번째로 중요한 개혁은 통화 개혁이었다. 헨더슨은 이렇게 설명한다.

> ……1947년, 독일 경제 화폐총량, 즉 통화와 요구불 예금의 총액은 1936년 수준의 5배였다…… 화폐개혁의 기본 개념은 라이히스마르크[14]를 굉장히 적은 수량의 새로운 적법통화인 독일 마르크로 대치한다는 것이었다. 그러면 통화 공급이 현저히 줄어들 것이다……결과적으로 통화 공급의 약 93%가 감소했다.

이 통화 개혁은 독일의 마르크화가 이후 수십 년 동안 유럽에서 선호하는 통화로 자리잡는 출발점이 되었다. 1920년대 하이퍼 인플레이션 시대가 다시 반복될 것을 우려한 독일 중앙은행은 절대 다른 대부분의 나라들과 비슷한 수준으로 통화를 팽창시키지 않았다. 초기 마르크화는 결코 안정적인 통화가 아니었으며 통화 가치도 급격히 하락했다. 그러나 마르크화는 다른 유럽 통화들보다 훨씬 더 안정적인 상태를 유지했다. 확고하게 안정된 마르크화는 다른 나라 중앙은행들이 너무 많은 돈을 찍어내지 못하도록 압력을 줄 정도였다.

이는 안정성을 지향하지 않는 정부들이 단일 유럽 통화 시행을 제안한 유일한 이유였다. 프랑스 대통령 프랑수와 미테랑(Francois Mitterand)은 심지어 단일 유럽 통화를 독일 통일의 조건으로 내걸었다. "단일 유럽 통화를 찬성하지 않는다면 통일 독일은 없다"는 것이다. 이런 맥락에서, 필리프 바구스(Philipp Bagus)가 헬무트 콜(Helut Kohl) 총리에게 독일을 분단된 두 국가로 유지하자고 제안한 것이 납득이 된다. 서독은 유럽 중앙은행의 과도한 통화 정책을 수용하지 않고 상대적으로 온건한 독일의 통화 정책을 계속 유지할 수도 있었다.

## 인건비 절감과 "2010 안건" 개혁

에르하르트는 1963년부터 1966년까지 재무 장관을 지냈다. 그가 장관직을 내려놓은 후 독일은 또다시 정부 개입적인 정책들을 서서히 수용했다. 특히, 복지 국가의 면모를 확대했다. 1990년대, 독일의 경제는 다시 한 번 침체기에 빠졌다. 이전 50년 동안 한 번도 경험하지 못한 일이었다. 그 해결책은 다시 시장경제를 지향하는 급진적 개혁이었을 것이다. 그러나 독일 국민들은 차선책을 선택했다. 단계적으로 온건하게 시행하는 개혁이었다.

첫째, 노동조합은 오늘날 유사한 문제들로 씨름하고 있는 프랑스나 그리스 같은 나라라면 결코 선택할 수 없는 해결책을 20년 전에 감행했다. 그들은 인건비를 급속도로 낮추어 시장이 제대로 작동할 수 있게 했다. 다른 나라들과 비교할 때, 독일의 경제는 훨씬 더 경쟁력을 갖추게 되었다. 특히 유럽의 다른 나라들은 인건비가 상승하고 있었기 때문에 더 그랬다.

둘째, 2004년 사회 민주당과 녹색당의 좌파 연합이 놀랍게도 "2010 안건(Agenda 2010)"이라는 중대한 개혁을 제안했다. 이 개혁안에는 소득세와 법인세 감면, 연금 축소, 실업 급여 인하가 포함되었다. 개혁안의 여파로 재무 장관 게르하르트 슈뢰더(Gerhard Schröder)는 의회에서 불신임 투표 결과 장관직을 사임하게 되었고, 그와 그가 속한 사회 민주당은 그 다음 선거에서 제 2당으로 밀렸다. 개혁이 충분히 다 이루어지지 않았기 때문에 그들은 한 여인에게 졌다. 바로 앙겔라 메르켈(Angela merkel)이다. 메르켈은 국가가 2010 안건이 의도했던 것보다 훨씬 더 많이 사람들의 삶에서 비켜나야 한다고 생각했다. 독일 정부의 경제 정책은 "자유, 자기책임, 운신의 자유"이어야 한다.

## 현재로서는 성공적인 독일 경제

"2010 안건"은 현재 독일의 성공 신화의 출발점이었다. 그러나 성공에는 위험도 뒤따른다. 성공을 당연시 여기는 위험이다. 지금 독일이 그 상황에 처해 있다. 개혁을 실행한 것은 슈뢰더였는데, 눈에 보이는 경제 성장의 공을 다 차지하고 있는 것은 메르켈이다.

그런데, 메르켈은 경제를 훨씬 더 자유롭게 한다는 자신의 계획을 따라가지 않았다. 오히려, 전후 독일에서 가장 좌파적인 수장이 될 지도 모른다.

지난 몇 년 동안, 독일은 최저 임금을 도입했고, 연금 제도가 엉망진창인데도 연금 개시 연령을 낮추었으며, 신재생 에너지에 상당한 보조금을 지급하면서까지 값비싼 에너지 전환 정책을 채택했고, 독일의 납세자들에게 엄청난 부담이 되는 거대한 규모의 이민자 정책에 자금을 쏟아 부었다. (단 4년간 지원한 금액이 860억 달러라고 한다.)

정부의 경제 개입 때문에 경제 상황이 달라지고 좋지 않은 결과가 나왔을 때, 이런 식의 정책들이 계속 유지될 수 있는지가 의문이다. (사실 이는 그저 시간의 문제이기도 하다)

1862년 독일의 초기 사회주의자 페르디난트 라살레(Ferdinand Lassalle)는 연설 도중 "야경국가(Nachtwachterstaat)"라는 말을 했다. 밤에만 경계를 서는 국가라는 의미다. 물론 라살레는 자유방임주의 국가를 조롱하는 의미로 이 단어를 사용했다. 그러나 이것이 바로 지금 독일에게 필요한 것이다.

사회주의 때문이 아니라, 루트비히 에르하르트의 급진적인 친시장 개혁, 십 수년간 지속된 중앙은행의 온건한 통화 정책, 1990년대 인건비 평가절하, 2004년 게르하르트 슈뢰더와 사회 민주당의 개혁 덕분에 독일의 경제는 오늘날 성공을 누리고 있다.

루트비히 에르하르트의 당이었던 기독교 민주당의 총재인 앙겔라 메르켈은 이 사실을 깨닫고 다시 한 번 경제 자유주의를 진정으로 반영하는 원칙들을 채택해야 할 때다. 물론 가능성이 크지는 않지만, 여전히 희망은 있다.

# 13

# 현대 사회주의의 다섯 가지 얼굴

로렌스 W. 리드(Lawrence W. Reed)

내가 계속 강조하는 것은 우리가 전쟁 중이라는 사실이다. 총탄이 날아다니는 물리적 전쟁은 아니지만 그만큼 파괴적이고 희생이 따를 수 있는 전쟁이다.

자유를 수호하고 발전시키기 위한 전투는 사람과의 싸움이 아니라 적대적 사상과의 싸움이다. 프랑스 작가 빅토르 위고(Vitor Hugo)는 말했다. "쳐들어 오는 적군에게는 저항한다. 그러나 스며 들어오는 사상에는 저항하지 않는다." 이는 종종 "군대보다 더 강력한 것이 물오른 사상"이라고 표현되기도 한다.

사상은 세상을 뒤엎는 결과를 가져왔다. 역사의 흐름을 결정했다.

학자, 선생, 지식인, 교육자, 성직자, 정치가들이 봉건 사상을 퍼뜨린 덕에 봉건주의는 천년 동안이나 존재했다. "한번 노예는 영원한 노예"라는 생각이 수백만 사람들을 사로잡아 자신의 신분상태에 대해 의심 한 번 품지 못하게 만들었다.

중상주의 세상의 사람들은 세계의 부가 한정되어 있다는 생각에 빠져 오랜 기간 피비린내 나는 전쟁까지 불사하면서 약탈에 골몰했다.

1776년 애덤 스미스의 『국부론(The Wealth of Nations)』 출간은 사상 전쟁

의 역사에 한 획을 그었다. 그의 자유무역 사상이 널리 퍼지면서 평화로운 협력을 가로막던 정치적 장벽이 무너졌고 사실상 전 세계는 변화를 모색하기 위해 자유를 선택했다.

마르크스와 마르크스주의자들은 사회주의가 필연적이며 내일이면 해가 동쪽에서 뜨는 게 확실하듯 사회주의가 세상을 정복할 것을 믿으라고 한다. 하지만, 인간에게 자유의지(그릇된 것이 아닌 옳은 것을 선택하는 능력)가 있는 한, 인간의 의지가 연관된 것은 무엇이든 절대 필연적일 수 없다. 만약 사회주의 시대가 도래한다면 그것은 인간이 그 사상을 수용하기로 선택했기 때문이다.

사회주의는 아주 오래된 실패작이다. 그러나 사회주의 사상은 오늘날 자유를 위협하는 주된 적이다. 사회주의 사상의 핵심은 다음과 같이 다섯 가지로 분석할 수 있다.

## 입법 만능주의

법안 통과가 국가의 오락거리가 되었다. 사업이 어렵다면? 국가 보조금을 지급하거나 자유를 제한하는 규제 법안을 통과시켜라. 빈곤이 문제라면? 빈곤을 폐지하는 법안을 통과시켜라. 어쩌면 미국은 입법 금지 법안이 필요한 것 같다.

그런데 새로 제정되는 법들이 대개는 천편일률적으로, (a) 국가재정을 충당하기 위한 증세, (b) 지금까지 규제대상이 아니었던 것을 규제하기 위한 공무원 충원, (c) 법 위반에 대한 처벌에 관한 것들이다. 즉, 법안이 늘어날수록 통제가 많아지고 강요가 많아진다. 강요란 두말할 것도 없이, 힘, 징수, 강제, 제한을 의미한다. 강요와 동의어인 동사들을 보면 훨씬 더 잘 이해할 수 있다: 압박감을 주어 하게 만들다, 받아내다, 지배하에 두다, 징집하다, 갈취하다, 뜯어내다, 남의 사생활을 꼬치꼬치 캐다, 억지로 시키다, 강압적으로 설득하다, 협박하여 시키다, 쥐어짜다.

정부가 자유로운 경제에 개입하면 관료들과 정치가들은 자신들이 했던 일들을 되돌리느라 대부분의 시간을 보낸다. 법률 A조항의 문제점을 해결하느라 B조항을 만들어 통과시킨다. 그리고 나서 B조항의 문제점을 바로잡느라 C조항이 필요하고, C조항을 무효로 만들기 위해 다시 D조항이 필요하다. 이런 식으로 계속 반복하다 보면 알파벳도, 우리의 자유도 더 이상 남아나지를 않는다.

입법 만능주의는 정치적 과정에 대한 부적절한 믿음의 증거이자 권력에 대한 의존성의 증거다. 이는 자유로운 사회에게 저주다.

## '눈먼 나랏돈'의 환상

정부란 본래 먼저 사람들에게 무언가를 걷지 않는 이상 나누어 줄 게 없는 조직이다. 세금은 기부가 아니다.

복지 국가들이 특혜와 무료 혜택을 남발하다 보니 이런 기본적인 사실이 묻혀 버렸다. 사람들은 "나랏돈"이 마치 정말로 공짜인 양 여긴다.

자신의 힘으로는 얻을 수 없는 것을 정부로부터 얻어내려는 사람은 "이것이 누구의 주머니에서 나온 것인가? 이 혜택은 내가 도둑질 하는 것인가 아니면 정부가 내 대신 다른 이의 것을 빼앗는 것인가?" 자문해 봐야 한다. 흔히 그 대답은 둘 다일 것이다.

이런 환상은 결과적으로 사회의 모든 이들이 다른 사람의 주머니에 손을 대게 만든다.

## 책임전가 병(病)

최근 어떤 사회 복지 프로그램 수혜자가 사회 복지 센터에 편지를 보내 요구했다. "여섯 번째 아이를 낳았는데, 뭘 해 줄 건가요?"

자신의 문제를 스스로 해결하고자 하지 않는다면 그는 책임전가 병을 앓고 있는 환자다. 어쩌면 그는 말할지도 모른다. "내 문제는 사실 내 것이 절대 아닙니다. 사회의 문제죠. 그리고 만약 사회가 그 문제들을 해결해 주지 않는다면, 그것도 빨리 해결해 주지 않는다면, 곤란해질 겁니다!"

사회주의는 사람들이 책임감을 느끼지 않을 때 융성해진다. 인간은 독립심, 주도권, 그 존재 자체로서 갖는 자신감을 상실할 때 독재자와 폭군의 손아귀에서 놀아나게 된다.

## '다 아는 척' 병폐

레너드 리드는 『자유시장과 그의 적(The Free Market and Its Enemy)』에서 사회주의 사상의 주된 특성으로 "다 아는 척"을 꼽았다. 다 안다고 생각하면 다른 사람들 일에 간섭하게 된다. 그런 태도는 이렇게 표현할 수 있다. "나는 당신에게 무엇이 최선인지 압니다. 하지만 내가 옳다는 것을 말하는 것만으로는 성이 차질 않아요. 내 방식대로 하라고 압력을 행사해야겠어요." 그렇게 다 안다고 생각하는 것은 사람들의 다양성을 무시하는 오만함과 조급함의 표출이다.

정부가 '다 아는 척'하며 자유를 제약하는 것은 이렇게 표현할 수 있다. "내가 그것을 생각하지 못했다면, 그것은 될 수 없고, 그것은 될 수 없으니 우린 누구도 그걸 시도하지 못하게 막아야 한다." 웨스트 코스트(West Coast) 사업단이 태평양 북서부와 남부 캘리포니아를 잇는 선박 운행 허가신청을 했을 때, 지금은 존재하지 않는 주(州)간 상업 위원회(Interstate Commerce

Commission)는 그 사업단이 수익을 낼 수 없을 거라 생각하여 선박 운행을 불허하였다. 그 사업단은 정부의 '다 아는 척' 암초에 걸린 것이다.

개인들이 자유롭게 시도할 때 위대한 일을 성취할 수 있다는 것이 바로 시장의 기적이다. "인간이 만든 제약이 창의적인 에너지의 발산을 가로막아서는 안 된다"는 리드의 유명한 권고가 '다 아는 척' 병폐를 내쫓는 강력한 힘이다.

## 질투 강박증

오늘날 사회주의자들의 입법을 살펴보면 상당수가 타인의 부와 소득을 시기하는 마음에서 비롯되었다. 질투는 재분배의 엔진을 가동시키는 연료다. 부유층의 돈을 우려내고자 하는 수많은 제도들이 바로 질투와 탐심에 뿌리를 두고 있는 것은 확실하다.

사람들이 시기에 사로잡히면 무슨 일이 일어나는가? 자신의 문제에 대해 스스로를 탓하기 보다는 더 잘 사는 사람들을 탓한다. 사회는 계층으로 분열되고 파벌은 파벌을 먹이로 삼는다. 문명들은 시기심과 그에 따른 재화에 대한 멸시의 무게에 짓눌려 무너졌다.

## 공통된 맥락

위의 다섯 가지 사회주의 특성 속에 공통된 맥락이 있다. 모두 인간의 어두운 면에 호소한다. 인간 본성의 원시적이고, 창의적이지 않으며, 나태하고, 의존적이며, 비도덕적이고, 비생산적이며, 파괴적인 면이다. 한 사회의 구성원들이 그런 자멸적인 생각들을 실행에 옮긴다면 그 사회는 오래 지속될 수 없다.

자유주의 철학을 보자. 희망을 주는, 재생시키는, 동기를 부여하는, 창의적이며 흥미로운 철학이다. 이는 주체성, 책임감, 개인 주도, 재산권의 존중, 자발적인 협동과 같은 인간 본성의 고상한 특질에 호소하고 의존한다.

자유와 노예 사이의 분투 결과는 온전히 사람들의 마음과 생각 속에 무엇이 자리잡고 있는지에 달려 있다. 그 판단자는 여전히 고심 중이다.

# 14

# 버니, 친절은 시장에서 나와요

줄리안 아도니(Julian Adorney)

버니 샌더스의 성공이 눈부시다. 민주당 대통령 후보에서는 밀렸을 지 몰라도, 선거 운동 내내 자본주의를 맹렬히 비판하던 공공연한 사회주의자가 예비선거에서 각축을 벌인 후보자로 남았다.

지난 민주당 토론에서 샌더스는 젊은 시절에 쿠바의 "가치 혁명"과 쿠바인들이 개인이 아닌 공공의 이익을 위해 어떻게 일했는지 찬양하던 비디오가 폭로된 후에도 쿠바의 카스트로 정권을 비판조차 하지 않겠다고 했다.

샌더스는 정치적 억압을 찬성하지 않지만 경쟁적인 시장에서 야기되는 것으로 보이는 탐욕보다는 쿠바의 집산주의를 지지하는 것이 분명하다.

시장이 이기심을 조장하는 것이 아니라 사실은 친절과 동료의 삶에 대한 존중을 장려한다는 것을 샌더스가 알게 된다면 아마도 놀랄 것이다.

## 시장은 사람들을 너그럽게 만든다

『경제학과 그 미덕: 새로운 도덕적 기반을 마련하며(Economics and the Virtues: Building a New Moral Foundation)』에서 제니퍼 베이커(Jennifer Baker)와

마크 화이트(Mark White)는 사회의 시장지향 정도와 그 사회 개인들이 자원봉사 및 자선기금에 관여하는 정도 사이에 강한 상관관계가 있다고 말한다. 미국과 같이 양호한 시장경제에서 사는 사람들은 열악한 시장경제에서 사는 사람들보다 가난한 사람들에게 더 관대하다.

물론 더 시장지향적인 경제가 더 부유하기 때문일 수도 있지만, 관대함이 결코 부유한 사람들에게만 국한되지 않는다. 미국에서 가난한 노동자는 복지 수당을 받는 사람들보다 세 배나 많이 기부한다. 마이클 셔머(Michael Shermer)가 지적한 대로, "가난은 자선의 장벽이 아니다. 복지가 자선의 장벽이다."

우리는 돈을 벌기 위해 더 많이 거래하고 다른 이들을 도울수록, 도움이 필요한 사람들에게 더 기꺼이 재물을 나누어 줄 것이다.

시장이 사람들을 너그럽게 만든다는 증거는 최후통첩 게임(Ultimatum Game) 같은 실험에서도 볼 수 있다. 이 경제 실험에서 피실험자 A는 실제 돈, 예를 들어, 10만원을 받는다. 그리고 피실험자 B에게 일부를 나누어 줄 수 있다. 만약 B가 그 돈을 받지 않겠다고 하면, A와 B는 같이 돈을 받지 못한다. 만약 둘 다 돈을 나누어 갖기로 한다면, 모두 각자의 몫을 받을 수 있다.

만약 A가 너무 불공평하게, 예를 들어 9만원과 1만원으로 나누겠다면, B는 그 제의를 거절하고 돈을 받지 않을 가능성이 높다. A의 이기심에 벌을 주려고 사실상 1만원을 포기하는 것이다. 이 게임은 관대함과 공정함을 효과적으로 측정할 수 있다.

베이커와 화이트가 서로 다른 문화에서 그런 연구들을 수 차례 시행한 결과는 아주 명쾌했다: 더 강력한 시장문화를 가진 사람들이 타인에게 더 너그러운 경향을 보인다. 시장이 원활하게 운영되는 문화에서 사람들은 관대하게 더 많은 액수를 나누어 주겠다고 한다.

왜냐하면 시장은 사람들에게 서로 유익이 되는 거래를 통해 낯선 사람과 소통하도록 장려하기 때문이다. 시장은 이기심보다는 공정함 – 내가 원하는 것을 얻기 위해 다른 사람에게는 무엇을 제공해야 할까 – 이란 측면에서 사고하는데 익숙하게 만든다.

전(前) 마르크스주의자 허버트 진티스(Herbert Gintis)는 말한다. "시장을 광범위하게 이용하는 사회는 협동, 공정, 개인 존중의 문화가 발달한다."

## 시장은 평화를 증진시킨다

동일한 인도적 원칙이 국제적으로도 적용된다. 좋은 이웃을 만드는 것은 튼튼한 담장이 아니라 자유로운 교역이다.

오스틴 텍사스 대학의 패트릭 J. 맥도널드(Patrick J. McDonald) 교수는 『자유 무역을 통한 평화(Peace Through Free Trade)』에서 보호주의 성향의 무역을 하는 나라일수록 더 자주 전쟁을 하는 경향이 있다고 주장한다. 자유무역 하위 10%인 나라를 선택해서 다른 조건들은 그대로 둔 채 자유무역 상위 10%에 들도록 무역 장벽을 제거해 보라. 그러면 새로운 갈등에 연루될 가능성이 70%나 줄어든다.

왜 그럴까? 시장은 교역 대상자를 인간으로 보게 만든다. 교역을 하려면 다른 나라 사람들과 거래 장소에 마주 앉아, 아니면 적어도 화상통화라도 해서, 의견 차이를 좁히고 서로 유익이 될 수 있는 조건을 만들어야 한다. 어떤 나라를 지도상으로만 보는 게 아니라 실제로 그 나라 사람들과 어울린다면 그 나라와 전쟁을 원하지 않을 가능성이 높아진다.

## 시장은 인간의 생명을 더욱 귀하게 여기도록 만든다

『우리 본성의 선한 천사: 폭력이 감소하는 이유(The Better Angels of Our Nature: Why Violence Has Declined)』에서 스티븐 핑커(Steven Pinker)는 폭력이

몇 세기 동안 지속적으로 감소하고 있다고 말한다. 이는 모든 면면에서, 살인에서부터 증오범죄, 아동학대에 이르기까지 사실이다. 이런 감소세의 요인 중에 하나가 상업의 팽창이다. 우리는 원하는 것을 얻기 위해 다른 사람들과 교역할 수 있는 조건을 만들어 왔다. 그 결과, 낯선 사람들을 "동등한 인간으로 보지 않고 적대시하여 사악한 존재로 인식했던 것이 서로 이타심을 가지고 교역하는 동반자로 인정하게 되었다."

또 다른 요인은 자본주의 덕분에 가능했던 생활수준의 향상이다. 예를 들어, 미국에서 기대수명은 1880년 39.4세에서 2011년 78.7세로 급상승하였다. 이러한 변화는 당연한 것이 아니다. 19세기만 해도 기대 수명은 30세에서 40세 사이에서 오르락내리락 했다. 산업 혁명 이후부터 기대수명이 꾸준히 상승했다.

산업 혁명 이후로 시장이 촉발시킨 혁신과 신기술 때문에 생활 수준은 극적으로 향상되었다. 아이들은 유년기를 무사히 보내고, 단축된 노동시간 덕분에 가족은 더 긴밀한 유대관계를 가질 수 있었다.

그러면서 사람들은 자신의 삶을 더욱 더 소중히 여기게 되었다. 범죄, 폭력, 전쟁에 생명을 함부로 내던지길 꺼리게 되었다. 그래서 부유한 나라는 폭력이 덜 발생한다. 시장 덕분에 우리는 조상들보다 훨씬 더 부유하게 살고 있다.

만약 샌더스가 인간의 삶과 협동을 향상시킬 진정한 해결책에 관심이 있다면, 시장을 다른 시각에서 바라보아야 한다. 그의 사회주의적 비판은 시장의 가장 위대한 혜택을 보지 못하고 있다.

# 15

# 왜 실패했는가?

마크 J. 페리(Mark J. Perry)

사회주의는 20세기 최대 사기극이다. 사회주의는 번영, 평등, 안전을 약속해 놓고, 가난, 고통, 독재를 가져다 주었다. 평등은 모든 사람들이 평등하게 고통 받았다는 측면에서만 제대로 이루어졌다.

폰지 사기[15]나 행운의 편지가 처음에는 성공하는 듯하나 결국에는 망하고 마는 것처럼, 사회주의도 초기에는 성공하는 듯 보인다. 그러나 중앙계획경제의 근본적인 결함이 드러나면 그 어떤 성취도 눈 녹듯 사라진다. 정부의 개입이 그토록 치명적이고 유혹적으로 보이는 이유는 모두 초기 성공의 환상 때문이다. 장기적으로 사회주의는 독재와 고통으로 가는 직행 노선임이 항상 입증되었다.

## 사회주의는 인센티브를 무시한다

피라미드 다단계는 잘못된 원칙을 기반으로 하기 때문에 버티지 못하고 결국에는 쓰러진다. 마찬가지로, 집산주의는 잘못된 이론 때문에 장기적으로 지속될 수 없다. 사회주의는 인간 행동의 기본적인 원칙에 위배되기 때문에 작동하질 않는다. 세계 여러 나라에서 사회주의가 실패한 것은 대단히 중요한 한 가지 결함으로 설명할 수 있다. 사회주의는 인센티브를 무시한 제도이다.

자본주의 경제에서 인센티브는 가장 중요하다. 시장가격, 회계 업무의 손익 체계, 사유재산권, 이 모든 것들이 경제 행위를 유도하고 이끌, 능률적이고 서로 밀접하게 연관된 인센티브 제도를 제공한다. 자본주의는 인센티브가 핵심인 이론을 기반으로 한다.

사회주의에서 인센티브는 아주 최소한의 역할을 하거나 아니면 완전히 무시된다. 시장가격이나 이윤이 없고 자산이 모두 국가에 귀속되는 중앙계획경제는 경제 활동을 이끌 효율적인 인센티브 기제가 결여된 제도다. 인센티브를 강조하지 못하기 때문에 사회주의는 인간의 본성과 모순되는 이론이며, 그래서 실패할 운명이다. 사회주의는 인센티브가 무용지물인 이론을 바탕으로 한다.

## "순수" 사회주의

몇 달 전 미네소타 대학의 마르크스주의자 교수와 라디오에서 논쟁을 벌였을 때, 나는 쿠바, 동유럽, 중국, 전 세계에 걸쳐 사회주의가 확실하게 실패했음을 지적했다. 우리가 논쟁을 벌이고 있던 시간에 아이티 난민들은 직접 만든 배를 타고 목숨을 걸고 플로리다에 오려 했다. 나는 질문했다. 아이티에서 도망 나온 사람들은 겨우 50마일만 가면 "노동자의 천국"인 쿠바에 도착할 텐데, 바다를 500마일이나 항해해서 "사악한 자본주의 제국"에 오려고 하는 이유가 대체 무엇일까?

그 마르크스주의자는 많은 "사회주의" 국가들이 실패했음을 인정했다. 그러나 그는 실패한 이유가 사회주의에 결함이 있어서가 아니라 사회주의자들이 "순수" 사회주의를 실현하지 않았기 때문이라고 했다. 완벽한 사회주의를 실현했다면 잘 되었을 텐데. 제대로 되지 않은 것은 불완전한 사회주의다. 마르크스주의자들은 이론적으로 완벽한 사회주의와 현실의 불완전한 자본주의를 비교하기를 좋아한다. 현실에서 불완전한 자본주의와 비교하는 것은 사회주의가 자본주의보다 우월하다는 것을 주장하기에 편리하다.

만약 이론이 현실에서 완벽하게 구현될 수 있다면 경제 및 정치 제도의 선택은 아무 의미가 없을 것이다. 완벽한 존재들이 무한한 풍요를 즐기는 세계라면, 어떤 경제 및 정치 제도든 - 사회주의, 자본주의, 파시즘, 공산주의 - 상관 없이 완벽하게 작동할 것이다.

그러나, 불완전한 존재와 제한된 자원을 가진 불완전한 우주에서 경제 및 정치 제도의 선택은 대단히 중요하다. 희소한 세계에서 경제적 능률을 추구하려면 명백한 인센티브 구조를 바탕으로 한 경제제도가 필수다. 우리가 직면하는 진짜 선택은 불완전한 자본주의와 불완전한 사회주의 사이에 있다. 그런 선택을 감안한다면, 역사의 증거들은 실현 가능하고 가장 크게 부를 창출한 경제제도는 자본주의라는 것을 명백하게 보여준다.

자본주의의 강점은 시장의 힘에 의해 결정되는 가격, 회계의 손익 체계, 사유재산권, 이 세 가지를 바탕으로 한 인센티브 구조에서 비롯된다.

## 가격

시장경제의 가격제도는 경제 활동을 흠 잡을 데 없이 유도하기 때문에 오히려 대부분 사람들은 그 중요성을 제대로 알아보지 못한다. 시장가격은 자원의 상대적 희소성에 대한 정보를 전달한 뒤 경제 활동을 능률적으로 조율한다. 가격은 경제적 능률을 촉구하는 인센티브를 제공한다.

예를 들어, OPEC 카르텔이 1970년대 원유 공급을 제한했을 때 원유 가격은 급상승했다. 치솟은 원유와 휘발유 가격은 구매자와 판매자에게 귀중한 정보를 전달했다. 소비자들은 비싼 가격으로 고통받으면서 원유의 양이 한정되었다는 강력하고도 명백한 교훈을 얻었고 행동을 완전히 바꿀 수 밖에 없었다. 사람들은 제한된 자원에 반응하여 차를 덜 사용하고, 차를 더 많이 나눠 타며, 대중교통을 이용하고, 더 작은 차를 샀다. 생산자들은 높아진 가격에 반응하여 더 많은 유전을 개발하고자 노력을 퍼부었다. 게다가 원유 가격이 치솟으면서 생산자들은 대체 에너지와 에너지원을 발견하고 개발하고자 하는 인센티브를 얻었다.

원유 가격의 상승으로 전달된 정보는 구매자나 판매자 모두에게 적절한 인센티브 구조를 제공하였다. 구매자들은 지금 더 귀해진 자원을 아껴 쓰려고 더 노력했고 판매자들은 지금 더 귀해진 자원을 더 찾으려고 노력했다.

시장경제의 유일한 대안은 통제된 혹은 정해진 가격인데, 이는 항상 상대적 희소성에 대해 잘못된 정보를 전달한다. 시장에서 결정되지 않은 인위적 가격으로 잘못된 정보가 전달되기 때문에 통제된 가격은 부적절한 행동을 야기한다.

미국이 휘발유 가격을 통제했던 1970년대 무슨 일이 있었는지 보자. 정부의 명령으로 인위적으로 낮게 유지된 휘발유 가격 때문에 전국의 주유소에는 주유하려는 차들이 줄을 섰다. 희소성의 영향력이 정확하게 전달되지 않았다. 밀턴 프리드먼이 당시에 지적했듯, 시장을 원활하게 하기 위해 가격상승을 허용하면 주유기 앞에 줄을 하루 아침에 없앨 수 있었을 것이다.

휘발유 가격 통제, 주유기 앞에 늘어선 줄, 전반적인 불편의 경험을 통해 우리는 모든 가격이 통제되는 사회주의 사회는 어떠할 지 통찰력을 얻는다. 사회주의의 몰락은 인위적인 가격으로 인한 비능률성과 혼란 때문이기도 하다. 통제된 가격에 담긴 정보는 항상 왜곡되어 있다. 이는 다시 사회주의 사회 내에서 가격의 인센티브 방식을 왜곡한다. 관리 가격은 항상 너무 높거나 너무 낮다. 그래서 지속적인 부족과 잉여가 발생한다. 시장가격은 경제적 능률성을 보장하는 인센티브를 생산할 수 있는 정보를 전달할 유일한 통로다.

## 손익 제도

사회주의는 또한 경쟁적인 손익 회계를 운용하는 데 실패했기 때문에 몰락했다. 수익 구조는 모든 사업 분야에서 경제적 행위를 지속적으로 평가하는데 대단히 효과적인 감시 기제이다. 가장 능률적이고 대중을 만족시키는 데 성공한 기업들은 수익으로 보상받는다. 대중을 만족시키지 못하고 비효율적인 운영을 한 기업들은 손해를 감수해야 한다.

수익 구조는 성공을 보상하거나 실패를 벌함으로써 비효율적으로 운영되며 기울어져 가는 기업에서 운영이 효율적이고 대중을 만족시키는 기업으로 자원이 재배치되도록 강력하게 훈련시키는 기제다. 경쟁적인 수익 구조는 지속적으로 자원을 가장 잘 이용할 수 있도록 유도하고 경제가 한 차원 높은 효율성을 갖추도록 이끈다. 손익 제도에서 성공적이지 못한 기업들은 시장의 강도 높은 훈련을 피할 수 없다. 경쟁은 기업에게 대중을 만족시키든지 아니면 결과를 감내하게끔 밀어붙인다.

중앙계획경제에서는 다양한 프로그램의 성공 혹은 실패 여부를 정확히 측정할 수 있는 손익 회계가 없다. 수익이 없으면 대중을 만족시키지 못한 기업을 훈련할 방도도, 대중을 만족시킨 기업에게 보상을 줄 방법도 없다. 어떤 프로그램이 확장되어야 하고, 어떤 것이 축소되어야 하며, 어떤 것이 폐지되어야 하는 지 결정할 효율적인 방안이 없다.

권력집단에서 계획된 경제는 경쟁이 없기 때문에 경제 활동들을 조직화할 효율적인 인센티브 구조가 없다. 인센티브가 없으니 그 결과는 가난과 비참함의 나락이다. 더 능률적으로 자원들을 계속 재배치하는 대신, 사회주의는 비능률과 실패의 소용돌이에 빠진다.

## 사유재산권

　사회주의의 세 번째 결함은 경제 성장과 발전을 조성하는 인센티브를 만들어 내는 데 있어 사유재산권의 역할을 간과한 것이다. 전 세계 사회주의의 실패는 전 세계 판 "공유지의 비극"이다.
　"공유지의 비극"은 16세기 영국에서 몇몇 마을들이 어떤 방목지를 공동 소유하여 공공의 목적으로 사용하고자 했을 때 일어난 일이다. 너무 많은 가축들이 모여들었고 결국엔 공동으로 소유한 자원을 착취만 하다가 못 쓰는 땅이 되었다.
　자산을 공동으로 소유하면 지혜롭게 관리해야겠다는 마음이 생길만한 인센티브가 없다. 개인의 재산은 보호하고 책임감 있게 사용해야 할 인센티브가 개인에게 생기지만, 공공 재산은 무책임과 낭비만 조장할 뿐이다. 모든 사람이 어떤 자산을 공동 소유한다면, 사람들은 아무도 그것을 소유하지 않은 것처럼 행동할 것이다. 아무도 소유하지 않았다면, 아무도 보살피지 않을 것이다. 공동 소유는 태만과 부적절한 관리만 야기한다.
　정의해 보자면, 사회주의는 "생산수단의 공동 소유"가 특징인 제도이므로 사회주의의 실패는 국가적인 "공유지의 비극"이다. 사회주의 경제 난국의 상당 부분이 사유재산권의 확립과 고취의 실패에서 비롯됨을 볼 수 있다.
　페루의 경제학자 에르난도 드 소토(Hernando de Soto)가 말했듯, 세계 어디건 시골을 다녀보면 개들이 짓는 소리를 들을 수 있다. 왜냐하면 개도 자기 영역이 있기 때문이다. 개인의 영역과 개인의 소유권을 이해하지 못하는 것은 오직 국가주의 정부뿐이다. 동유럽 국가들이 자산과 재산을 민영화하고 있다. 사회주의 국가들은 이제 막 자유 재산권의 중요성을 인식한 듯하다.

## 인센티브가 중요하다

시장가격, 손익 회계, 제대로 정의된 사유재산권의 인센티브가 없어 사회주의 경제는 정체하고 시든다. 사회주의체제 하에서 일어나고 있는 경제 침체는 경제적 인센티브를 무시한 결과가 직접적으로 나타난 것이다.

천연자원이 인센티브라는 효율적 제도의 빈 자리를 메울 수는 절대 없다. 예를 들어, 러시아는 세계적으로 천연자원 부국이다. 세계에서 가장 많은 석유, 천연가스, 다이아몬드, 금 매장량을 가지고 있다. 11개의 시간대에 걸쳐 넓게 분포된 곡창지대, 호수, 강, 하천이 있다. 그러나 러시아는 가난하다. 천연자원이 도움은 될 수 있지만, 어떤 나라든지 가장 궁극적인 자원은 인적 자원의 무한한 가능성이다.

인센티브 제도를 통해 사람들의 잠재력을 조성하고, 촉진하고, 키우지 못하기 때문에 중앙계획경제는 인간 정신의 발달을 저해한다. 인간 정신을 말살하기 때문에 사회주의는 실패한다. 직접 만든 뗏목과 보트로 쿠바를 탈출하는 사람들에게 물어보라.

우리의 의무는 세계 곳곳에서 그리고 국내에서 유혹의 손길을 뻗는 전체주의에 맞서 계속 싸우는 것이다. 전체주의 유혹의 본질은 정부가 부를 창출할 수 있다는 환상 속으로 우리를 유인하는 것이다.

사회주의의 마수는 계속 우리를 설득한다. "너의 자유를 조금만 포기하면 나는 널 더 안전하게 해 줄게" 이 세기의 경험이 입증하듯, 그 흥정은 허울좋은 유혹일 뿐 결코 성사되지 않는다. 우리는 결국 자유도, 안전도 다 잃게 된다.

의료 사회화, 복지, 사회 안전 보장, 최저 임금 보장법과 같은 프로그램들이 겉으로 보기에는 편리하고 유익이 있을 것 같기 때문에 계속 우리의 주의를 끌 것이다. 그 프로그램들은 모든 사회주의 프로그램들이 그렇듯 처음에는 어떻게 보이든 간에 장기적으로는 실패할 것이다. 인센티브의 중요한 역할을 간과하기 때문에 그 프로그램들은 사회주의 대사기극의 일부다.

사회주의는 끊임없이 추파를 던질 것이다. 우리는 전 세계뿐만 아니라 국내에서도 사회주의에 대한 경계심을 늦추어서는 안 된다.

사회주의의 실패는 전 세계적으로 자유의 르네상스를 불러 일으켰다. 세계 역사상 처음으로 전 세계 대다수의 사람들이 자유로운 사회, 혹은 빠르게 자유로워지는 사회에서 살게 될 날이 눈 앞에 다가왔다.

자본주의는 인간의 정신을 살찌우고, 창의성을 고양하며, 기업가 정신을 고취하기 때문에 전 세계 자유를 회복하는 데 중대한 역할을 할 것이다. 근검절약과 근면성실과 능률을 촉진하는 강력한 인센티브 제도가 있기에 자본주의는 부를 창출한다.

자본주의와 사회주의의 가장 큰 차이점은 바로, 자본주의는 작동한다는 것이다.

제4장

# 믿고 싶은 것과
# 실제 일어나는 일은 다르다

그들은 코 앞에서 자유시장 민주주의체제의 불완전함을 목격하면서 그에 반하는 경제 및 정치 제도를 가진 나라들은 국민들에게 더 나은 삶을 제공할 것이라 막연히 추측한다.

# 16

# 너, 베네수엘라에서 살고 싶니?

매리언 L. 터피(Marian L. Tupy)

1953년부터 1964년까지 소련의 독재자였던 니키타 흐루쇼프(Nikita Khrushchev)는 "전세계가 사회주의를 실행할 때, 스위스는 자본주의 국가로 남아 있어야 한다. 그래야 우리가 가격을 알 수 있다"라는 말을 했다고 전해진다.

공산주의 사회는 경제를 제대로 운영했던 국가를 적어도 하나, 예를 들어 스위스 같은 나라를 지속적으로 접하는 것이 중요했듯, 자본주의 사회는 경제를 망치고 있는 국가를 적어도 하나, 예를 들어 베네수엘라 같은 나라를 지속적으로 접하는 것이 유익하다.

## 공산주의는 자본주의가 정말 필요했다

초기 공산주의자들이 한결같이 그랬듯, 흐루쇼프 역시 궁극적으로 사회주의가 승리할 거라 믿었다. 1920년대 초, 소련은 미국의 백만장자들, 예를 들면, 미국의 재무장관, 앤드류 멜런(Andrew Mellon) 같은 이들에게 예술 걸작품들을 팔았다. 러시아 내전의 승리를 위한 자금을 확보하기 위해서였다.

공산주의자들은 공산주의가 미국을 전복시키면 그 그림들을 다시 가져올 수 있으리라 생각했다. 결국, 미국은 국립미술박물관(National Gallery of Art)을 세운 반면, 러시아 에르미타주 박물관(Hermitage)에는 텅 빈 방들이 생겼다.

그러나 흐루쇼프의 스위스 발언은 매우 진지한 것이었다. 일찍이 루트비히 폰 미제스와 프리드리히 하이에크를 포함하여 사회주의 반대자들은 자유시장이 없다면 사회주의자들은 어떤 가격도 책정 할 길이 없다고 지적했다.

자본주의 경제에서는 아무도 상품과 서비스의 가격을 정하지 않는다. (물론 오바마케어 같은 미국 의료 체제처럼 누군가 경제의 일부분을 심각하게 규제하지 않는다면 말이다) 가격은 공급과 수요에 따라 "저절로" 생겨난다. 반대로, 사회주의 국가에서는 미래의 수요와 공급을 예측하고 그 예측한 것을 소련의 5개년 계획에 통합시키기 위해 수천 명의 관료들을 고용했다.

흐루쇼프 집권 당시, 소련의 "계획"이라는 것은 확실히 그 계획이 쓰여진 종이만큼의 가치도 없었다. 중앙계획경제가 실패했기 때문에 기본 물자들이 부족했고 독립적인 자본주의 국가 스위스가 필요했다.

역으로, 자유시장 민주주의체제의 사람들에게는 경제 및 정치적 대안의 결과물인 현대 베네수엘라의 경우를 계속 기억하는 것이 도움이 된다.

21세기 사회주의를 건설하려던 그 나라의 시도는 이미 예견된 문제들이 계속 쏟아지고 있다. 유아 사망률이 높아지고, 물가는 세 자리 숫자로 치솟으며, 어디나 식량이 부족하고, 의료 체계는 무너졌으며, 사법 체계는 사라졌고, 국가에 저항하는 사람들에 대한 압제만이 커지고 있다.

## 틀렸고, 틀렸으며, 또 틀렸다

전에도 주장했듯, 모든 사회주의 국가들은 결국 비슷한 경제 및 정치 문제에 봉착하게 된다. 그리고 그런 사회주의를 방어하느라 온 몸을 내던지는 이들이 서구사회에 반드시 항상 있다. 소련 공산국가를 세운 블라디미르 레닌은 그런 사람들을 "쓸모 있는 바보들"이라고 불렀다.

이번 주 폭스 뉴스(Fox News)에서 자신의 이름을 내걸고 프로그램을 진행하는 터커 칼슨(Tucker Carlson)이 '새로운 미국을 위한 학생 및 젊은이 모임'(The Students and Youth for a New America)의 젊은 사회주의자와 이야기를 나누었을 때, 나는 거대한 사회주의의 유혹을 다시금 느꼈다. 두 사람의 대화를 파악하기 위해 다코타 릴리(Dakotah Lilly)의 발언을 일부 기록해 보았다.

> 우리는 베네수엘라가 지금 당면하고 있는 문제가 정부 반대파들에 의한 테러임을 알아야 합니다. 반대파들은 학교에 폭탄을 던졌고, 버스를 폭파했으며, 오토바이를 탄 경찰들을 해치려고 도로를 가로지르는 철망과 줄을 설치했습니다. 그들은 순진한 합창단 소년들이 아닙니다. 그들은 폭력적인 극단주의자들이며, 지난 몇 년간, 베네수엘라가 이룩한 진보를 파괴하기 위해 이를 갈고 있습니다. 지난 몇 달 동안 그들의 시위로 발생한 사상자들의 대다수는 노동 조합원으로 챠베스 정책에 헌신한 사람들이며 좌파였습니다.
>
> 경제적 측면에서, 미국이 베네수엘라에게 부과한 제재들과 다국적 기업들이 베네수엘라에서 자행한 수탈은 분명 베네수엘라의 경제 상황에 도움이 되지 않습니다.

여기서 릴리가 말한 거의 대부분은 틀린 것으로 입증되었다. "고삐 풀린 자본주의"를 옹호한다고는 보기 어려운 뉴욕 타임즈가 심층 보도한 기사에 따르면, 베네수엘라에서 정치적 폭력의 희생자 대부분은 반 정부 시위자들이었다.

## 사회주의 유혹의 먹잇감

　게다가, 베네수엘라 정부와 연관된 몇몇 개인들에게 미국이 부과한 제재는 그 나라의 경제 몰락과 아무런 관련이 없다.

　석유 수출을 제외하면, 전 세계 어느 누구 하나라도 사고 싶을 만한 물건 하나를 제대로 만들어 내지 못하는 나라가 베네수엘라다. 그러므로, 유가가 배럴 당 140달러에서 50달러 이하로 폭락했을 때, 그 나라는 음식과 소비재를 수입하기 위해 필요한 외화의 대부분을 잃었다. 생필품 부족사태가 일어나는 것은 당연하다.

　젊은 세대들에게 도저히 이해할 수 없는 무식함을 드러낸다고 비판하는 것이 전적으로 옳은 것은 아니라는 사실은 인정한다. 공교육이 거의 다 무너졌다. 미국의 학생들은 수년간 초등학교와 중학교 교육을 받으면서도 공산주의의 만행과 사회주의 경제의 실패에 대해 배우지 않는다. 이러한 문제의 해결책은 찾기가 쉽지 않다. 역사와 경제는 인기 있는 과목이 아니며 선생들은 대부분 좌파 성향이다.

　설상가상으로, 다코타 릴리 같은 젊은이들은 이상주의에 빠져 있어서 사회주의 유혹의 먹잇감이 되기 십상이다. 그들은 바로 코 앞에서 자유시장 민주주의체제의 불완전함을 목격하면서 그에 반(反)하는 경제 및 정치 제도를 가진 나라들, 예를 들어 사회주의 국가 베네수엘라는 국민들에게 더 나은 삶을 제공할 것이라 막연히 추측한다.

　그러나 베네수엘라 국민들은 그렇지 않다는 것을 깨닫고 있다. 젊은이들은 베네수엘라를 타산지석으로 삼아 배워야 한다.

# 17

# 밀레니얼 세대는 자본주의 및 사회주의와 삼각 관계에 빠졌다

앤드류 J. 테일러(Andrew J. Taylor)

최근에 밀레니얼 세대 – 대략 1980년부터 2000년 사이에 태어난 세대 – 의 경제관에 대한 이야기가 분분하다. 그 상당 부분이 2016년 민주당 예비선거에서 자칭 "민주사회주의자"라고 하는 버니 샌더스가 젊은이들로부터 열렬한 지지를 받으면서 시작되었다.

2016년 4월 갤럽(Gallup) 조사에 따르면, 힐러리 클린턴은 18~24세 연령층에서 -23의 순호감도를 얻은 반면, 샌더스는 +39였다.

하버드 대학 여론조사 팀은 그 당시 이런 지지도가 정치관에 어떻게 투영되는지 밝히는 조사를 시행했다. 그 결과, 밀레니얼 세대의 45%만이 자본주의를 지지했다. 이는 비슷한 시기에 갤럽이 실시한 조사에서 전체 인구의 자본주의 지지도보다 약 10% 가량 낮은 것이었다. 하버드의 조사에서는 밀레니얼 세대 33%가 사회주의를 원하는 것으로 밝혀졌다.

그래서 밀레니얼 세대의 경제적 태도는 이전 세대들과는 사뭇 다르다. 그러나 경제적 행동도 다를까? 그들은 사회주의자의 길을 걷고 있는가?

그 증거들은 다분히 엇갈린다.

## 의료 서비스

사회주의자들은 모든 시민들이 소비할 수 있는 공공재를 선뜻 수용한다. 밀레니얼 세대도 확실히 공공재를 좋아한다. 6월 퓨리서치센터(Pew Research Center)에서 실시한 여론조사에 따르면, 18~29세 연령층의 45%가 단일 의료 보험 제도를 선호한 것으로 밝혀졌다. 이는 다른 어떤 단일 연령대보다도 14%나 높았다.

인구 통계 자료를 보면, 2014~2015년 오바마케어가 시작되었을 때 밀레니얼 세대가 다른 어떤 세대보다도 앞서 의료보험을 사용했다. 그런 행동의 이면에 어떤 정치 철학이 담겨 있는지는 잘 모르겠다. 그러나 밀레니얼 세대는, 대부분 국민들이 미국 의료 보험이 좌파 쪽으로 완전히 돌아섰다고 생각하는 건강보험개혁법(Affordable Care Act)을 수용한 것으로 보여진다.

## 재활용과 개인 소비

자본주의와 달리 사회주의는 제약이 있는 개인 소비를 미덕으로 간주한다. 물론 그러는 주된 이유는 생산이 그만큼 따라주지 못하기 때문이다. 그런데 그것이 생태학적 소비와 전 세계에 퍼져 있는 좌파 정당들을 기반으로 한 사회주의를 혼동하도록 만드는 데 일조했다.

밀레니얼 세대가 다른 세대들 보다 환경을 더 많이 생각한다는 주장은 들어봤을 것이다. 그들은 비닐봉지를 쓰지 않는다든가, 화장실 물을 내리지 않는다든가 등등. 올해 초, 생활 용품 회사 러버메이드(Rubbermaid)가 의뢰한 설문조사에서, 밀레니얼 세대의 2/3는 회사 전체가 재활용에 동참한다면 일주일간 소셜 미디어를 포기하겠다고 했다.

그러나 흥미롭게도, 실제 행태 조사에서는 이는 사실이 아님이 드러났다. 2014년 고철 재생산업협회(Institute of Scrap Recycling Industries, ISRI)가

의뢰한 해리스여론조사(Harris poll)에 따르면, 30대 이상의 절반 이상이 "항상" 폐품을 재활용 하지만, 젊은이들은 단 1/3만이 재활용한다.

밀레니얼 세대는 인류를 위한 지구 보호와 사회주의적 사고방식에서 영웅이라고 치켜 세우는 행동에 대해서 말은 하지만, 세상을 지키기 위해 정작 그들이 다른 이들보다 더 하는 일은 없는 듯하다.

## 교통

밀레니얼 세대는 다른 연령대에 비해 대중 교통을 많이 이용한다. 2015년 말에 실시한 퓨 여론조사에 따르면, 5명 중에 1명 이상은 거의 매일 버스나 기차를 이용한다. 이는 다른 연령대와 비교했을 때 거의 두 배에 달했다.

사실, 젊은이들은 미국인들이 개인 자산 첫 번째로 꼽는 자가용에 대한 애정이 이전 세대들보다 많이 없는 것 같다. 24~29세 연령층과 30~34세 연령층의 운전면허 취득자 수가 1983년부터 2014년 사이 10% 정도 줄었다고 미시간 대학 대중교통리서치협회(Transportation Research Institute)가 밝혔다. 18세 운전면허 취득자 수 감소비율은 20%였다. 동시에 45세 이상은 자동차에 대한 애정이 한결 같았다.

이는 물질 재화를 거부하는 사회주의적 신념과 얼핏 일맥상통하는 듯 보이지만, 그것이 상관관계인지 아니면 인과관계인지는 불분명하다.

## 공유 경제

밀레니얼 세대는 그들의 힘만으로 "공유" 경제, 즉 우버(Uber)나 에어비엔비(Airbnb) 같이 참여자들이 공동으로 소비할 수 있는 소프트웨어 플랫폼을 이용한 개인 간 거래의 장(場)을 키워왔다. 차량 호출 서비스용 광고 플랫

폼인 뷰고(Vugo)에 따르면, 차량공유 고객의 57%가 25~34세 연령층이다.

공유 경제는 사적 소유를 회피하는 것 같아 꽤 사회주의처럼 들릴 지도 모르겠다. 그러나 듀크 대학 교수인 마이크 멍거(Mike Munger)는 일반적으로 사람들이 어떤 상품 자체보다는 그 상품이 제공하는 서비스를 소비하고 싶어한다는 점을 지적했다. 사실, 공유 경제라는 것은 공유 경제가 없는 것보다는 더 많은 물질 재화의 서비스를 누릴 수 있도록 해 준다. 공유 경제가 없다면 차를 구매해서 5분간 차를 탈 것인지 아니면 이틀 동안 집에만 있을 것인지 고심해야 한다. 그러므로 그 기본 원리는 자본주의다.

## 기업가 정신

밀레니얼 세대를 대상으로 한 2014년 벤틀리 대학 여론 조사에 따르면, 응답자의 2/3가 개인사업을 시작하고 싶다는 포부를 밝혔다. 그러나 그들의 실제 행동은 다르다. 지난해 월스트리트저널(Wall Street Journal)에 따르면, 30세 이하 미국인들의 개인사업자 비율은 1980년대 이후 65%나 하락했다. 밀레니얼 세대는 마크 저커버그(Mark Zuckerberg)가 되고 싶다고 말은 할 지 모르지만 딱히 기업가적이지는 않다.

그러므로 밀레니얼 세대의 경제적 태도와 행동 사이에는 모순이 존재한다. 이것을 어떻게 설명할 수 있을까? 그들은 사회주의 이상에 강한 호기심을 갖고 있다. 그들은 사회주의 가치의 상당 부분 및 그 가치들로 파생된 공공정책들을 수용한다. 그러나 밀레니얼 세대의 행태는 애매모호하다. 개인 기업을 운영하는 기업가 정신은 실제로 그들의 구미에 잘 맞는 진로가 아니다.

덧붙여, 밀레니얼 세대의 소비가 줄어든 것은 원대한 사회적 계획에 따라 개인적인 욕망을 희생한다기 보다는 아마도 경제적 필요성이 작용한 듯하다. 2009년 서브프라임 사태[16] 이후 미국이 겪었던 경기 침체 여파로 그들은 긴축재정을 하고 있다. 인구통계 자료를 퓨리서치센터가 분석한 것을 보면, 25~35세 연령층의 15%가 아직 부모님들과 같이 살고 있다. 원래는 고작 1.5%였다. 좌파 성향의 미국진보를위한센터(Center for American Progress)에서 실시한 2016년 연구에 따르면, 밀레니얼 세대의 성취는 X세대들이 30대 초반에 이룬 것에도 미치지 못하고 있다. 그들의 수입은 그들보다 30년은 더 나이 든, 대졸자가 50% 미만인 베이비부머 세대와 같은 수준이다.

그래서 아마도 다른 관점에서 설명할 수 있을 것이다. 밀레니얼 세대가 자본주의를 거부하는 것처럼 보인다면, 그것은 그들이 그저 미국의 핵심적 경제 원리를 새로운 기술과 경제 현실에 맞추고 있는 것뿐이라고 말이다.

# 18

# 민주주의 + 사회주의 = 민주사회주의?

샌디 이케다(Sandy Ikeda)

왜 요즘 많은 젊은이들이 민주사회주의자(democratic socialists)를 자처할까? 나는 이들 중 상당수가 구(舊) 소련이나 마오 쩌둥의 중공, 그리고 최근에는 북한과 같은 독재정권을 지지하는 사회주의자들과 자신을 차별화하기 위한 것이라 생각한다. 그들은 아마도 경제적 정의만큼이나 정치적 자유가 그들에게는 소중하다는 걸 표현하고 싶은가 보다.

한데, 민주주의와 사회주의가 양립할 수 있는 개념인가?

그렇지 않다. 사회주의의 목표는 고결할지 몰라도 그를 이루기 위한 수단은 원천적으로 민주주의와 정면으로 배치(背馳)된다. 결국 "민주사회주의"는 "자발적 노예근성"만큼이나 말이 안 되는 소리다.

## 민주주의

민주주의는 개개인에게 다른 의미로 다가온다. 누구에게 민주주의란 그 자체로서 완벽하고 그를 위해 목숨을 바칠 수도 있을 정도의 목표이다. 다른 누구에게 민주주의란 기껏해야 시민들의 의견에 반응하는 작은 정부를 구성하는 방법 중 하나, 혹은 정치적 권력을 평화롭게 이동시키는 방법에 불과하다. 하이에크가 자신의 저서 『노예의 길』에 적었듯, "민주주의란 본질적으로…… 내적 평화와 개인의 자유를 보호하는 공리주의적 장치이다."

그렇지만, 일반적으로 알려진 민주주의의 의미가 정치적 자기결정권과 표현의 자유와 관계있다는 데에는 대부분 동의할 것이다. 이러한 입장에서 사람들은 민주주의를 자신들보다 더 강한 권력을 가진 사람들로부터 스스로를 보호하는 수단으로 받아들인다.

## 사회주의

"사회주의" 역시 민주주의와 마찬가지로 하나의 목적으로도, 수단으로도 해석할 수 있다. 예를 들어, 누군가는 사회주의를 마르크스의 "경제적 운동 법칙"의 다음 단계, 즉 프롤레타리아 독재 아래서 각자가 능력대로 기여하고 분배받는 것으로 간주한다. 조금 더 중도에 가까운 사회주의는 "사회 정의"와 같은 구체적인 목표를 개인의 이익 추구 행위보다 우선시하는 정치경제학적 구조를 내세울 것이다.

다른 누군가는 사회주의가 집산주의의 한 형태로서, 특정한 방법 - 노동, 자본, 토지에 대한 정치적 통제 - 을 이용하여 사람들이 스스로 선택하지 않은 일을 하도록 강제하는 대규모 계획경제의 실행이라고 생각할 수 있다. 집산주의적 방법을 이용하는 형태의 이런 사회주의는 이루고자 하는 목표는 다를지라도 파시즘과 유사한 부분이 많다.

## 민주사회주의

그럼 민주주의와 사회주의를 하나로 합치려 하면 어떤 일이 벌어지는가?

예를 들어, 사회주의 정부가 소득 불평등 개선과 인종 차별 해소, 이 두 가지 정책 목표 중 하나만 택해야 한다고 가정하자. 이렇게 두 가지 선택지만 있는 간단한 문제에서도 불평등이란 무엇이고 차별이란 무엇인지에 대한 모두가 동의할 수 있는 정의(定義)가 필요하다. 소득에는 어떤 것이 포함되는가? 어떤 것이 정의로운 인종 관계인가? 더욱 평등한 소득이나 차별이 없는 정의(正義)란 어떻게 구성되나? 어느 정도가 되어야 소득이 평등하다고 혹은 정의가 구현되었다고 말할 것인가? 완벽하게 평등하고 완전하게 정의로워야 하나? 그 정도까지는 아니라면, 어느 수준까지 용납할 수 있는가?

이는 정부 당국이 답해야 하는 수많은 까다로운 질문들 중 일부에 지나지 않는다. 당연히 그들은 다루어야 할 목표가 수없이 많을뿐더러, 그것들을 일일이 정의 내리고, "우선순위"를 정하고, 실행하고, 실행 상황을 주시해야 한다. 그리고 대개 그러하듯 물리적 조건들이 예측하지 못한 방향으로 변하면 계획을 지속적으로 조정해야 한다. 이러한 상황에서는 최종 계획을 세우는 데 참여하는 사람이 적으면 적을수록 좋다. 이것이 민주주의가 자기 결정, 보통 사람들이 자신들을 관할할 정책을 선택할 수 있는 것, 자기 표현 등 민주주의의 핵심 요소들을 제대로 구현하게 될 경우, 사회주의에 감당할 수 없는 문제를 제기하게 되는 이유다.

정부의 규모가 작고 거의 모두가 동의하는 정책, 예를 들어 효과적인 방위력 구축에 필요한 자금 조달을 위한 과세 같은 정책만 실행하는 것으로 그 역할이 제한된다면, 민주주의는 비교적 잘 작동할 것이다. 유권자와 의사결정자들이 동의해야 할 분야가 그리 많지 않기 때문이다. 하지만 정부가 사회주의 사회에서와 같이 의료서비스, 영양 상태, 교육, 직업, 주거 등 우리의 일상으로까지 영향력을 넓히면, 각각의 문제에 대해 대다수의 시민이 합의에 이르기를 기대하는 것은 비현실적인 일이 된다. 무수한 법률 제정을 놓고 벌어지는 수많은 이익집단 간의 피할 수 없는 논쟁과 대립은 정치 과정의 발목을 번번히 잡을 것이다.

중앙권력은, 민주적인지 아닌지의 여부를 떠나서, 경제의 많은 부분과 관련이 있는 대단히 중요한 계획을 도입하려고 할 때, 개인의 자기 표현과 자기 결정을 어느 선까지 허용해야 하는가? 그 정도의 대규모 계획이라면 사소한 계획들은 무시되어야 하고 개인의 개별적 염원들은 억제되어야 하며 개인적 가치관보다는 집단적 가치관이 우선시되어야 한다.

토크빌(Tocqueville)은 이에 관해 다음과 같이 잘 설명하였다.

> 민주주의와 사회주의 사이에는 한 가지를 제외하고 아무런 공통점이 없다. 바로 평등이다. 하지만 여기에도 미묘한 차이가 있다. 민주주의는 자유에 있어 평등을 추구하지만, 사회주의는 종속과 통제에 있어 평등을 추구한다.

이런 체제는 당분간은 삐걱거리면서도 작동하겠지만, 진정한 민주주의를 폐기하려는 유혹 - 예를 들어, 의사결정 권한을 각 분야의 전문가들에게 위임하는 등 - 은 점점 더 커져 견디기 힘들 정도가 될 것이다. 이러한 상황에서 민첩하고 효과적인 결정을 내릴 필요는 더 간절해지지만 동시에 이것이 이루어질 확률은 희박해진다. 노동자들의 국제적 연대와 세계 경제 정의와 같은 이론적 사회주의의 고결한 목표들은 기아와 안보라는 지역적 문제에 떠밀리기 쉽다. 결국엔 (비(非) 프롤레타리아) 독재의 길로 나아가게 된다.

하이에크가 역설하였듯,

> 사회주의가 이론으로만 존재하면 국제주의이지만, 이를 실현하기 시작하면……극단적인 민족주의로 돌변한다. 이는 왜 서방 세계의 대다수 사람들이 상상하는 바 "자유주의적 사회주의(liberal socialism)"가 순전한 이론에 지나지 않는지를, 그리고 왜 사회주의를 실현하면 어느 곳이나 전체주의가 되는지를 설명하는 이유 중 하나이다.

## 맞교환(Trade-Off)

그러한 문제들은 전면적인 사회주의에서나 일어나는 일들이지, 오늘날 지식층이 옹호하는 민주 사회주의는 그처럼 극단적이지 않다고 반응할 수도 있다. 그렇다면, 궁금해지는 것이 있다. 규제국가, 복지국가, 혹은 정실 자본주의와 같은 혼합경제(mixed capitalist economy)에서는 이러한 결과들이 어느 정도로 발생하는가? 지금 이야기 하고 있는 민주주의와 사회주의의 맞교환은 얼마나 잘 이루어질 것인가?

명백히 이것은 정도(程度)의 문제다. 중앙계획의 정도가 클수록 일탈이나 개인의 반대 의견에 대한 정부의 인내도 줄어든다. 스스로 자신의 길을 결정하는 것을 포기하고 다른 사람의 결정에 자신을 맡기게 되는 상황에는 여러 가지 층위가 있다. 물리적 강제 없이도 이런 일이 일어나기도 한다. 예를 들어, 어떤 집단이 사회적 압력이나 종교적 압박을 이용하여 물리적 힘을 사용하지 않고도 자율성을 위축시키거나 개인의 계획을 좌절시킬 수 있다.

물론, 물리적 강압 - 이는 주로 국가가 전통적으로 활용해 왔던 것이다 - 이 있을 때, 외부 대리자에 의한 강압적 통제가 커질수록 자기 결정은 더 위축된다는 점은 부인할 수 없다. 강압과 자기결정은 상호 배타적이다. 그리고 정부의 계획이 개인의 계획을 대체하게 됨에 따라, 개인의 자율성은 약화 및 위축되고 정부의 권한은 강화 및 확장된다. 사회주의가 강해질수록 진정한 민주주의는 약해진다.

그렇다면 민주사회주의는 많은 좌파들도 아직 어느 정도는 가치를 인정하는 독립성과 자율성, 자기 결정 등의 자유주의적 가치를 수호하고자 만들어진 신조라 할 수 없다. 오히려 실제로는 자유주의적 가치를 소중히 여기는 우리를 독재의 손아귀에 밀어 넣는 신조이다.

# 19

# 사회주의는 친환경적일까?

매리언 L. 터피(Marian L. Tupy)

대서양을 사이에 두고 양 대륙의 사회주의자들이 자본주의와 인종차별주의를 엮으려고 애쓰는 것에 관해서는 이미 이야기 했었다.[17] 자본주의를 옹호하는 이들 중에는 분명히 인종차별주의자가 있었다. 하지만 이것이 그렇게나 놀랄 만한 일이 아닌 것은, 인종차별주의는 노예제나 무자비한 잔학행위와 같이 전세계적으로 있었고 불과 최근까지 끊임없이 발생해오던 현상이기 때문이다.

진실은, 역사에 기록된 그 어떠한 문명도 오늘날 서구사회에서 서로에게 기대하는 높은 수준의 문명화된 행동, 즉 민주적이고 자본주의적인 모습과는 비할 수가 없다는 사실이다. 나는 칼럼을 통해 사회주의가 어찌 되었든 덜 인종차별주의자라는 식의 주장에 반대했었다. 오히려, 내가 사회주의의 역사를 통해 제시한 바와 같이, 진실은 그 반대에 가깝다.

그럼에도, 장 자크 루소(Jean-Jacques Rousseau)가 고안한 '고결한 야만인(noble savage)' – 자연 및 인류와 조화를 이루며 살아간다는 신화적 생물 – 은 사회주의자들의 상상 속에서 여전히 잘 서식하고 있는 듯하다. 뉴욕타임스에 실린 최근 기사들, "기후위기? 문제는 자본주의야, 이 바보야(The Climate Crisis? It's Capitalism, Stupid)"와 "레닌의 환경전사들(Lenin's Eco-Warriors)"

을 보도록 하자.

첫 번째 기사에서 벤자민 펑(Benjamin Y. Fong)은 전 세계 환경문제의 해결책으로 민주사회주의를 추천하고 있으며, 두 번째 기사에서 프레드 스트레베이(Fred Strebeigh)는 "평생을 하이킹과 캠핑에 열광"했고, 러시아를 "자연환경 보호의 세계적인 개척자"의 반열에 올린 레닌을 칭송한다.

사회주의가 우리에게 남겨줬다고 하는 이 환경적 유산에 관한 뉴욕 타임스의 기묘한 해석에 대해 더 깊게 들어가기 전에, 먼저 약간의 배경지식이 필요하다.

## 사회주의 프로파간다

올해는 러시아 볼셰비키 혁명(Bolshevik putsch) — 인간 정신에 의해 탄생한 가장 파괴적인 이데올로기를 세상에 풀어놓은 사건 — 100주년이 되는 해다. 미국 진보 지식층 사이의 주요 뉴스 매체인 뉴욕 타임스는 1917년에 벌어진 이 대격변적 사건을 동조했던 (그리고 많은 조롱을 받은) 기사들로 기념하기로 결정하였다. 관련 기사들로는, "사회주의가 미국인들에게 영감을 불어 넣어준 때(When Communism Inspired Americans)", "마르크스 혁명가 엄마 덕분에(Thanks to Mom, the Marxist Revolutionary)", "정각에 종을 쳐라: 스타트렉과 스타트렉이 혁명적 사회주의에 진 빚(Make It So: Star Trek and Its Debt to Revolutionary Socialism)" 그리고 "왜 사회주의체제 하의 여성들이 성적으로 더 만족스러웠는가(Why Women Had Better Sex Under Socialism)"가 있다.

뉴욕 타임스가 공산정권이 100여 년간 저지른 범죄들을 호도하는 데 동참했음을 기억해야 한다. 월터 듀랜티 — 우크라이나에서 벌어진 의도적 기근에 대한 우려들을 "악의적 선전"으로 표현한 것으로 유명한 영국계 미국인 특파원 — 의 신빙성 없는 보도를 먼저 살펴보자. 진실만을 이야기해야 한다는 보도윤리를 어긴 죄(1932년에서 1934년까지 240만~750만 명의 생명을 앗아간

의도적 대기근, 홀로도모르를 부정)는 오히려 그에게 퓰리처 상 - 뉴욕 타임스가 포기할 수 없다고 반복적으로 밝힌 바로 그 명예로운 상 - 을 가져다 주었다.

그건 제쳐두고, 다시 이 신문사가 주장하는 지구를 구하는 방법으로 초점을 돌려보자. 뉴욕 타임스의 기자들에 따르면, 자본주의는 지구를 파괴하고 있으며, 사회주의(그 형태가 본래 레닌주의 사회주의든, 미 상원의원 버니 샌더스가 옹호하는 "민주" 사회주의든 간에)가 지구를 구해낼 수 있다고 한다. 펑은 이렇게 말했다.

> 이 기후위기의 범인은 특정한 소비, 생산 혹은 규제가 아니라, 지속가능성이 아닌 이익을 위해 전 세계적으로 생산하는 방식, 바로 그것이다. 따라서 이런 질서가 유지되는 한 이 위기는 지속될 것이고, 위기가 꾸준히 쌓이면 상황은 악화될 수 밖에 없다. 이는 실로 직면하기 힘든 사실이다. 하지만 버거워 보이는 문제를 그저 외면한다고 해서 그 문제가 사라지는 것은 아니다. 대신 분명하게 말해야 한다: 그것은 자본주의의 책임이라고……
>
> 환경 규제가 자본주의 사회에서 가장 존경받는 과학 전문가들에 의해 만들어지기보다 민주사회주의 사회에서 공식적인 교육을 받지 않은 사람들에 의해 설계된다면 우리는 22세기를 무사히 넘길 확률이 커진다. 우리 주변에 아무리 똑똑한 사람들의 지능이라도 자본주의의 만연한 어리석음에는 감히 상대가 되질 않는다……
>
> 수 세기 동안 방어적 태도를 취해야 했던 사회주의자들은 자본이 주는 원동력 없이는 삶의 기본적인 기능들을 작동하기 어려워 보이는 사람들의 반대에 대응하는 데 꽤 능숙해졌다. 비니 애덤책(Bini Adamczak)의 최근 저서 『어린이를 위한 공산주의(Communism for Kids)』가 유쾌하게 탐구한 것처럼 소통의 불투명함이 진짜 문제인 것이다. 하지만 대안을 추구하는 사람들에게 정당화의 짐을 떠맡겨서는 안 될 것이다. 기후위기를 정말로 걱정해 본 사람들에게 타당한 이유를 제시해야 하는 것은 자본주의이지, 투명하게 문제를 해결하려는 측이 아니니다.

## 최선의 해결책

비니 애덤책의 "유쾌한" 『어린이를 위한 공산주의』는 둘째 치고, 펑이 우려하는 대부분은 사회주의와 자본주의 경제체제의 실제 환경 기록들을 살펴보는 것만으로도 해결할 수 있다.

먼저, 어떠한 형태의 생산도 환경 파괴를 발생시킨다. 농업 생산을 위해서는 산림을 밀어야 하고, 야생동물을 쫓아내야 하고, 생물권[18]을 파괴해야 한다. 공업 생산은 대기에 유해가스를 내뿜고 하천에 오염물질을 배출한다. 심지어 서비스 분야도 전기에 의존하기 때문에 이에 수반되는 이산화탄소 배출로 인해 공해를 유발한다. 따라서 진정한 질문은 환경을 보전할 가장 완벽한 경제체제가 무엇인지가 되어서는 안되고, 비교적 나은 것이 무엇이냐가 되어야 한다.

그 질문에 대한 답을 할 때, 다음과 같은 개념들을 염두에 두어야 한다: 경제적 효율성, 공유지의 비극, 그리고 환경 쿠즈네츠 곡선(environmental Kuznets curve).[19]

사회주의 경제는 매우 비효율적이었다(지금 쿠바, 베네수엘라, 북한에서 유지되고 있는 사회주의 경제도 여전히 그렇다). 시장기반의 가격결정원리가 부재함에 따른 중앙계획의 비효율성을 만회하고자 사회주의 경제는 일반적으로 환경파괴와 여타 부정적 외부효과들을 무시하였다.

(훨씬 더 효율적인 자본주의 경제를 따라잡기 위해서) 생산을 극대화하고자 사회주의 국가들은 낮은 수준의 배출 기준만을 설정하거나 배출기준 자체가 전무하였다. 안전보건규정은 무시되거나 대체적으로 부족하였다. 사회주의 경제는 또한 독립적 노동조합을 금지하였고, 이는 종종 강제노동으로 이어졌다.

사회주의자들의 환경 무시는 사유재산권에 대한 경멸 때문에 한층 더 악화되었다. 자본주의 경제에서 농장과 공장은 개인이나 기업이 소유한다. 만일 환경을 파괴하거나 노동자들에게 손해를 끼치면, 그들은 법정에서 책임을 지게 된다. 하지만 사회주의 경제에서는 토지와 공기(그리고 심지어는 인간까지도)가 국가의 소유라서 "공유지의 비극"이 발생한다.

예를 들어, 중앙 계획자들로부터 일정 수량의 철봉 생산을 명령받은 국가소유의 공장은 할당된 생산량을 달성하도록 허용된 정도가 아니라 강한 압력을 받았으며, 이때 발생하는 환경파괴와 인명피해는 무시되었다.

자본주의 경제에서 국가는 환경기준의 시행과 노동자의 보호를 책임진다. 사회주의 경제에서 국가는 할당된 생산량을 달성하도록 압력을 가하는 동시에 환경과 노동자의 보호자를 자처한다. 그러니 보호는 말뿐이다. 두 가지 중 하나만을 골라야 할 상황이 되었을 때, 사회주의 국가들은 거의 예외 없이 전자의 역할을 선택했다. 중앙계획의 비효율성을 만회하고자 원칙을 무시한 셈이다.

## 환경에 대한 사회주의 국가들의 무관심

그 문제점은 사회주의 국가들과 자본주의 국가들의 생산 1달러당 이산화탄소 배출량을 비교하면 극명하게 드러난다. 미국의 배출량은 이미 낮은 수준에서 시작해 시간이 지남에 따라 감소했다는 점에 주목하기 바란다. 1991년 소련의 붕괴와 함께 러시아에서도 비슷한 추이를 발견할 수 있다 (애석하게도 1991년 이전의 소련에 대한 관련 자료는 입수하지 못했다).

사회주의 국가의 환경에 대한 무관심을 가장 잘 드러내는 사례로는 중국의 데이터를 들 수 있다. 마오쩌둥이 주도한 대약진운동(1958~1962년) 시기의 배출량은 당시의 미국과 비교하였을 때 천문학적인 수준이었다. 그 이후 줄어들기는 하였으나(가격 기구(price mechanism)와 사유재산권에 대한 도입을 통해) 개혁개방을 선언한 1970년대 후반까지는 아주 높게 나타났다. 경제자유화를 시작한 시기 이후부터 배출량은 대폭 감소하였다.

마지막으로, 사회주의 국가들은 중앙계획경제의 결과로 자본주의 국가들보다 훨씬 가난했다. 이는 중요한 사실인데, 환경 쿠즈네츠 곡선이라는 개념이 있기 때문이다. 일반적으로 부유한 사람들일수록 맑은 공기나 강,

그리고 직장 내 높은 수준의 안전보건기준과 같은 "사치재"를 위해 돈을 지불할 가능성이 높다. 오늘날 기준에는 너무나 당연한 것처럼 들릴지도 모르지만, 깨끗한 환경과 행복한 노동이란 사실 우리보다 훨씬 가난했던 우리의 조상들은 가질 수 없었던 "사치"인 게 엄연한 사실이다.

아프리카와 아시아에 거주하는 많은 사람들처럼 정말로 가난한 이들의 주된 관심사는 생존이다. 다른 모든 고려사항들은 부차적일 뿐이다. 믿기지 않는가? 짐바브웨의 경제가 붕괴하자 사람들은 가족들의 식량을 구하기 위해 보호하던 야생동물들을 도살하기 시작했다.

베네수엘라의 경제가 붕괴하자 수도(首都)에 위치한 동물원의 동물들은 식탁에 올랐다. 우크라이나의 홀로도모르 중에는 식인(食人)이 발생하기도 하였다. 환경문제에 관한 우려들을 폄하하려는 것이 아니라, 올바르게 기능하지 못하는 사회주의 국가들의 불쌍한 국민들이 매일 직면해야 하는 진정한 고민을 지적하는 것이다.

그렇다면, 사회주의는 답이 아니다. 역사적으로 사회주의 방식의 생산으로 인한 환경파괴의 규모는 자본주의 방식의 생산에서 발생하는 환경적 피해보다 훨씬 컸다. 소련의 붕괴 직후 이루어진 학문적 연구들은 구(舊) 사회주의 국가들의 환경의 질이 자본주의 국가들보다 열등하다는 것을 단 하나의 예외도 없이 일관되게 찾아냈다.

결국 환경보호를 위한 최선의 방법은 부유해지는 것이다. 그러면, 일반인들의 필요를 충족시킬 수 있을 뿐만 아니라 더 깨끗한 발전소와 더 나은 정수 시설에 투자할 만큼 충분한 돈이 생긴다. 부를 창출하는 최고의 방법은 자본주의이기에 인류는 이를 견지해야 한다.

# 20

# 사회주의 하에서 반기를 든다는 것은

샌디 이케다(Sandy Ikeda)

영국 데일리메일(The Daily Mail)은 "프랑스의 사회당(Socialist)[20] 정부가 세계 최초로 이스라엘의 행동을 규탄하는 시위를 금지하여 팔레스타인의 격분을 자아내고 있다"고 보도했다. 역시 사회당 출신의 프랑스 내무장관은 두 반대 집단 간의 마찰이 공공질서에 위협이 될 충돌로 커질 가능성을 언급하며 그 결정을 옹호했다.

나는 중동에서 벌어지고 있는 갈등 상황이나 이번 시위 금지령에 대해 논하려는 것이 아니다. 그것은 정당화될 수도, 그렇지 않을 수도 있는 것이다. 다만, 이 기사에서 가장 눈길이 가는 부분은 바로 이것이다:

파리 출신의 친(親) 팔레스타인 운동가 실비 페로(Sylvie Perrot)는 다음과 같이 말했다: "파시스트 정부는 전쟁에 반대하는 시민들의 집회를 가로막죠 – 지금의 프랑스 사회당이 그런 전철을 밟고 있다는 건 실로 믿을 수 없는 일입니다."

그는 정반대로 알고 있다!

만일 당신이 사회주의의 특성을 이해한다면, 지금 벌어진 일은 충분히 믿을 수 있는 일이다.

## 집산주의와 저항

먼저 "집산주의"를 국가가 주요 생산수단을 통제하는 모든 경제체제라고 정의하고 시작하겠다. 이런 집산주의는 국가가 통제하는 자원들에 대한 중앙계획이 필수적이다. 우리가 지금 거론하려는 집산주의의 특정 분파의 구분은 통제자의 목적에 달려 있다.

이론상으로 "사회주의"는 국적을 초월하여 세계의 모든 사람들을 공통의 국제적 목표에 통합하려는 목적을 지니는 반면, "파시즘(fascism)"은 공통의 민족주의적(nationalist) 목표를 향해 특정 국가의 사람들만을 연합하는 목적을 가진다. 궁극적 목적은 다르더라도, 어떠한 형태의 집산주의든 똑같은 방법을 이용한다. 그것은 바로 주요 생산수단을 국가가 통제(사실상de facto 혹은 법률적으로de jure)하는 것이다. 집산주의라는 공통된 뿌리를 알게 되면 파시즘과 사회주의가 유사한 정책들을 펼친다는 것이 그리 놀랄 일이 아니다.

뿐만 아니라, 하이에크는 자신의 저서 『노예의 길』에서 다음과 같이 말했다.

> 사회주의가 이론으로만 존재하면 국제주의이지만, 이를 실현하기 시작하면……극단적인 민족주의로 돌변한다. 이는 왜 서방 세계의 대다수 사람들이 상상하는 바 "자유주의적 사회주의"가 순전한 이론에 지나지 않는지를, 그리고 왜 사회주의를 실현하면 어느 곳이나 전체주의가 되는지를 설명하는 이유 중 하나이다.

『노예의 길』 중에서 이에 관해 구체적으로 설명한 부분(특히, "개인주의와 집단주의", "계획과 민주주의", "계획과 법의 지배", "나치즘의 사회주의적 뿌리")의 일독을 추천한다. 일단, 그가 설명한 핵심 요점 두 가지를 정리하겠다.

먼저, 국가가 자신이 통제하는 자원의 중앙계획을 실시하는 정도를 어떠한 개인도 방해하거나 반대할 수 없게 된다. 달리 말해, 하이에크의 표현을 빌리자면 "국가가 자신의 행위에 따르는 영향을 정확히 예견하고자 한다는 것은 영향받는 사람들의 선택의 여지를 없애야 함을 의미한다."

둘째, 국가가 더 많은 자원을 통제할수록 통제의 범위가 넓어지고 계획은 더 상세해져 시스템의 사소한 지연(遲延)마저 허용할 수 없는 상황이 된다. 반대는 물론, 무반응마저 용납할 수 없게 된다. 하이에크는 또 말했다.

> 만일 사람들이 주저 없이 공동의 노력을 지지하려면, 그들은 추구하는 목표뿐만 아니라 그를 위해 선택한 수단도 옳다는 것을 확신해야 한다. 따라서 공식적인 신조는 – 이 신조는 반드시 고수하도록 강요될 것이다 – 중앙계획경제가 기반한 사실에 대한 모든 관점들로 구성될 것이다. 대중의 비판이나 심지어 의혹의 표현까지도 대중의 지지를 약화시키는 경향이 있기에 억제되어야만 한다.

내 주장의 요점은 만약 프랑스에(혹은 그 어디라도) 진정한 사회주의가 어떠한 형태로든지 간에 존재한다면, 하이에크가 『노예의 길』에서 설명한 이유들로 인해 그 정부는 자발적인 정치적 시위를 허용할 수 없다는 것이다. 집단의 정치적 목표는 개인의 표현보다 우선시되어야 한다.

이 점을 이해한다면 사회주의 정부가 정치적 시위를 금지하는 것이 더 이상 놀랍지 않을 것이다.

## 문제는 중앙계획이다

내 동료들 중에 일부는 프랑스에 진정한 사회주의가 존재하지도 않을뿐더러 자칭 "사회주의자"라고 하는 정치적 정당들이 최소한 위에 밝힌 의미로서의 사회주의자가 아니기에 이런 주장이 부적절하다며 반대하였다.

하지만 하이에크 주장의 핵심은 중앙계획의 범위가 커짐에 따라 이견에 대한 불관용이 함께 커진다는 것이다. 따라서 이 원리는 미국과 같이 제한적으로 중앙계획이 존재하는 혼합경제에도 적용된다. 미국 정부가 집산주의적 목표를 추구할수록 – 예를 들어, 전시(戰時)와 같은 경우에 – 정부 관계자들은 공개적인 시위를 진압하라는 압력을 더 크게 받게 된다.

나아가, 중앙정부가 더 많은 것들에 관해 계획할수록 표현, 집회, 결사의 자유는 줄어든다. 국가가 모든 생산수단을 통제하고 모든 자원들이 정부당국의 손에 들어가게 되면, 정치나 과학, 종교, 예술 등의 분야에서 모든 형태의 표현은 정치적 의미를 갖게 되고, 공식적 신조에 대한 어떠한 형태의 이견도 금지되어야 한다. 이견, 반대, 합리적 비판은 지식 발전에 필수적이기 때문에, 이러한 상황은 자유로운 사상의 종말로 이어졌고, 앞으로도 그럴 것이다.

사유재산 제도의 정치적 덕목 중 하나는 물리적 폭력의 위협으로부터 안전한 자치권을 형성시켜준다는 것이다. 그 안에서는 다른 사람들에게 주도적으로 물리적 폭력을 사용하지 않는 한 무슨 말을 할지 안 할지, 혹은 무엇을 할지 안 할지를 마음껏 결정할 수 있다. 사유재산 제도는 락 밴드를 결성하거나 개인용 컴퓨터를 발명하거나 혹은 시위용 피켓을 만들 수 있는 차고(車庫)와도 같은 것이다. 사유재산제도가 사라지면 경제적 자유와 함께 정치적 자유마저 사라지게 된다.

## 금지되지 않은 것은……

결국, 순수한 집산주의 하에서는 정부 활동에 대한 항의로서 평화적 집회를 할 자유는 고사하고, 아예 어떠한 자유도 남지 않게 되리라는 논리적 결론에 이르게 된다. 완전한 집산주의 사회에서 금지되지 않은 것은 사실상 의무라는 것이 과장은 아니다.

아직까지는 완전한 집산주의와는 거리가 있는 캘리포니아지만, 그 곳에서 황당하면서도 섬뜩한 일이 있었다.

남부 캘리포니아에 사는 한 부부는 글렌도라 시(市)로부터 볕에 타서 갈색으로 변한 부부의 집 마당을 다시 녹색으로 바꾸지 않으면 500달러의 벌금을 부과하겠다는 통지서를 받았다고 AP통신이 보도했다. 로라 휘트니(Laura Whitney)와 마이클 코트(Michael Korte) 부부는 기꺼이 그렇게 하려고 했지만 한 가지 문제가 있었다. 마당에 물을 너무 많이 줘도 500달러의 벌금을 물게 된다는 것이다. 그들은 현재 주 2회만 물을 주고 있다.

결국, 의무가 동시에 금지 사항이 될 수도 있다는 얘기다. 잊지 말자, 1984년은 30여 년 전이었다.

# 21

## 민주주의의 약점, 사회주의의 기회

B. K. 마커스(B.K. Marcus)

미 대통령 후보 버니 샌더스는 음지에 있던 "민주사회주의"라는 급진적 개념이 미국 주류 정치계의 이목을 끌도록 만든 장본인이다. 그렇지만 많은 이들이 샌더스의 설명에 혼란스러워하는 모양새다. 그래서 사회주의는 정말 여전히 살아있다는 이야기인가? 우리는 공포의 20세기를 겪으면서 그 괴물과도 같은 이데올로기를 파묻어버렸던 게 아니었던가?

아니다. 당신이 생각하는 건 공산주의(communism)이다. 미국민주사회주의자연합(Democratic Socialists of America; DSA)은 이렇게 말한다.

> 사회주의자들은 공산독재국가들을 강하게 비판해 온 세력 중 하나다. 공산 독재 국가의 관료 엘리트들이 "사회주의자"를 자칭했다고 해서 그들이 사회주의자인 건 아니었다. 그들은 자신들의 체제를 "민주적"이라고도 말했다.

공산주의자들이 사실은 사회주의자들이 아니었다면, 그러면 도대체 사회주의가 의미하는 바는 무엇인가?

앞에 '민주'라는 글자가 붙든 말든, 사회주의의 기본 정의는 생산수단의 공동 소유이다. DSA의 웹사이트에는 "우리는 경제조직(economic institutions)의 영향을 받는 노동자와 소비자들이 그것을 소유하고 통제해야 한다고 믿는다"고 적혀 있다.

그런데 DSA는 민주주의도 강조한다.

> 민주사회주의자들은 경제와 사회 모두 민주적으로 운영되어야 한다고 믿는다. - 소수의 이익을 위해서가 아닌, 공공의 필요를 충족하기 위해서다. 더 정의로운 사회를 달성하기 위해서는 우리 정부와 경제의 구조를 더욱 민주적으로 바꾸는 과감한 개혁이 필요하다. 이를 통해 평범한 미국인들도 자신의 삶을 바꿀 수 있는 결정에 참여할 수 있게 된다.

그렇다면, 사회주의란, 민주사회주의자들의 이해에 따르면, 그저 민주적 이상(理想)에 따른 논리적 결론에 불과하다.

> 민주주의와 사회주의는 분명 공존할 수 있다. 전세계적으로 민주주의 개념이 자리잡은 곳이라면 사회주의 개념 역시 자리잡고 있다.

최소한 이 부분은 미국의 많은 자유시장 지지자들도 동의할 것이다.

## 반(反) 민주적인 반(反) 사회주의자들

루트비히 폰 미제스가 20세기 유럽에서 가장 급진적인 고전적 자유주의자였을지는 몰라도, 미국에 도착하였을 때 그는 그의 자유주의 사상이 충분치 않다고 생각하는 미국의 자유주의자들과 맞닥뜨렸다.

그들과의 논쟁 중에는 자유의 철학이 과연 자연의 법칙 혹은 공리주의에 기반한 것인가에 대한 것처럼 매우 추상적인 것들이 있었다. 그렇지만 다수결민주의(majoritarian democracy)를 다룬 현실적인 논점도 있었다. 미제스는 자신의 저서 『자유주의(Liberalism)』를 통해 자본주의와 민주주의 모두를 옹호하였다. 레이먼드 홀리스(R.C. Holies)나 프랭크 초도로프(Frank Chodorov)와 같은 미국의 자유주의자들은 자유시장에 대해서는 미제스와 같은 입장이었으나 다수결 원칙에 관해서는 전혀 긍정적이지 않았다. 그 중에서 『자유의 발견(Discovery of Freedom)』의 저자, 로즈 와일더 레인(Rose Wilder Lane)의 목소리가 제일 강경했다:

> 미국인인 나는 당연히 기본적으로 민주주의에 반대하고, 이론적으로나 실질적으로나 사회주의의 기초가 되는 민주주의를 지지하거나 옹호하는 자들을 반대합니다.
> 매디슨(Madison)이 예언하였듯, 그리고 매콜리(Macauley)가 이미 20세기에 예언하였듯, 바로 이 민주주의가 미국의 정치구조와 법, 그리고 경제를 파괴하고 있는 것입니다. (1947년 6월 5일 레인이 미제스에게 보낸 편지 중 '미제스: 자유주의의 마지막 기사(Mises: The Last Knight of Liberalism'에서 발췌)

레인은 왜 민주주의가 "사회주의의 기초"가 된다고 주장했을까?

## 중우(衆愚)

선거제도가, 특히 경제적 의사결정을 내리는 경우에 좋지 못한 수단인 것으로 드러나고 있다. 맨커 올슨(Mancur Olson)의 책 『집단행동의 논리(The Logic of Collective Action)』는 18년이 지나서야 나왔는데, 이미 그 이전에 레인과 그녀의 급진적 동지들에게는 그 내용이 잘 알려져 있었나 보다. 올슨은 다수결이 의사결정에서 이익과 비용을 분리시킨다고 주장했다.

선거는 그저 여론을 조사하는 게 아니다. 선거는 자신들의 이익을 위해 싸우는 여러 집단들에 의해 준비되는 조직적인 운동이다. 투표자는 논란 중인 쟁점들을 연구하고 기표소로 향하는 게 아니다. 대신, 그 여러 이익집단들이 선거일 이전까지 자신들의 대의명분을 제시한 대규모 선거운동을 통해 형성된 쟁점에 관한 인상(印象)을 선거장에 들고 올 뿐이다. 결국 선거운동은 소수의 특별이익집단이 대다수의 유권자를 설득하는 과정이다.

또한, 좌파들이 즐겨 사용하는 비유법을 차용하자면, 이는 기울어진 운동장이다. 올슨은 집단의 크기가 커질수록 한 집단이 집단행동을 할 유인이 얼마나 줄어드는 지 설명하는데, 이는 대규모 집단이 소규모 집단보다 공동의 이익을 위해 행동하는 데 제약이 많음을 의미한다. 소규모 집단은 집중된 이익(concentrated benefits)을 향유할 수 있는 반면, 그 나머지 사람들은 분산된 비용(diffuse costs)을 감당하기 때문이다.

가장 대표적인 사례가 설탕관세(혹은 '자유인(The Freeman)'의 편집장이었던 폴 포와로(Paul Poirot)의 표현에 따르면, "설탕 수입에 대한 쿼터(quota)와 다를 바 없는 것")이다. 왜 다른 나라에서는 다 콜라의 감미료로 설탕을 사용하는데 미국에서만 옥수수 시럽을 사용할까? 그 이유는 다른 곳에서는 설탕이 더 저렴하기 때문이고 미국 내에서는 정부가 인위적으로 설탕 가격을 올리기 때문이다. 이런 보호정책은 국내 제당업자들(그리고 옥수수 재배자들까지)의 소규모 집단에 엄청난 이익을 가져다 주는 반면, 그 부담은 나머지 국민 모두가 진다.

옥수수 시럽 문제는 잠시 제쳐두고 아직 콜라에 설탕이 들어간다고 가정하자. 그리고 정부에 의해 콜라 한 캔이 원래 가격보다, 예를 들어 5센트 더 비싸진다고 해 보자. 콜라를 살 때마다 5센트씩 더 내는 것이지만, 막상 당신이 콜라 한 캔을 살 때 5센트 정도는 기분이 나쁠 정도일 뿐 부담스러운 정도는 아니다. 만일 당신이 청량음료를 사는 데 한 해에 얼마나 더 많은 돈을 내고 있는지 알아보는 수고를 하더라도, 아마도 그 수치는 당신이 로비를 통해 만들어진 제당업 보호법을 폐지해달라고 청원을 할 정도는 아닐 것이다. 사실 그 손해의 정도는 높아진 가격의 원인을 알아차리지 못할 정도로 미미한 것이다.

이것이 바로 경제학자들이 말하는 분산된 비용의 의미다. (또한 콜라를 마시는 이들이 추가로 동전을 더 지불하지만 왜 그러는지에 대해서 의도적으로 무시하는 것을 경제학자들은 "합리적 무시(rational ignorance)"라 부른다. 2015년 '자유인(The Freeman)' 춘계호에 실린 "민주주의를 하기엔 너무나 멍청하다(Too Dumb for Democracy?)"를 참고하라.)

반면에, 제당업자들은 그들의 마음에 쏙 드는 이 보호장벽이 왜 경제에 유익한지 설명하는 캠페인과 로비를 통해 수십억 달러의 이익을 올릴 것이다.

이 사례를 통해 정부의 특혜를 노리는 온갖 특별이익집단들을 이해할 수 있다. 설령 당신이 이제 어떻게 돌아가는지 이해하게 되더라도, 즉 이러한 행위가 어떻게 경제와 당신과 같은 소비자들에게 악영향을 미치는지 알게 되더라도 설탕에 대한 자유무역을 지지하거나 반대하는 의사를 표현할 수 있는 국민투표 따위는 없을 것이다. 모든 쟁점은 분리되어 다뤄지고, 분리된 모든 쟁점들은 설탕의 경우와 같은 집단행동의 논리에 부딪힌다. (설탕의 경우와 같이, 옥수수 산업 역시 자신들의 이익을 위해 높은 설탕가격을 홍보하고, 다른 쟁점 역시 다양한 특별이익집단들이 각자의 이유 때문에 사회에 해로운 정책들을 지지하는 실정이다.)

농업 경제의 사례를 보았으니, 교원노조 혹은 미국퇴직자협회(AARP)의 경우도 생각해 볼 수 있고 아니면 혜택을 받지 못하는 다른 사람들은 피해를 보지만 정부 프로그램을 통해 혜택을 받는 소수의 집단이 있다면 그 어떤 것이라도 같은 논리가 적용된다.

결국 민주주의체제는 처음부터 큰 정부의 간섭을 더 많이 받도록 만들어진 것이다. 바로 이런 면에서 로즈 와일더 레인은 민주주의와 사회주의를 동치의 관계에 두는 데에 무리가 없다고 보았다.

## 정실자본주의를 향하는 민주사회주의자들

하지만 그렇다고 해서 큰 정부와 사회주의를 같은 것으로 볼 수 있을까? DSA는 이에 동의하지 않는다. 그들은 가능하면 국소적이고 분산화된 사회주의를 선호한다고 주장한다. DSA가 지지한다고 주장하는 시민의 자유를 사회민주주의체제가 얼마 동안이나 존중할 수 있을 것인지에 대한 질문과 마찬가지로, 선출된 사회주의자가 얼마 동안이나 고압적인 중앙권력을 휘두르지 않고 참을 수 있을 것인가라는 질문을 제기하는 것은 타당하다. 그러나 섬뜩한 기운을 떨칠 수 없는 것도 사실이다.

하지만 DSA의 주장을 순진하다거나 사기라고 일축하더라도, 여전히 큰 정부와 사회주의를 동일한 개념으로 보는 것을 거부하는 데는 큰 이유가 있다.

정부는 가난한 자들이나 프롤레타리아 계급을 섬기기 위해 그 규모를 키우지 않는다. 민주주의는 특별한 이익을 낳고, 특별 이익을 위한 캠페인들은 많은 돈이 필요하다. 그리고 이미 이익이 확실시 되는 사업만큼 돈이 모이는 곳도 없다.

현실세계에서 자본가들은, 사회주의자들의 표현과는 달리, 거의 대부분 자본주의를 지지하지 않는다. 적어도 자유무역이나 자유시장에 관해서는 말이다. 정작 그들이 너무나 자주 지지하는 것은 자신과 측근들을 위한 정부의 보호정책과 호의다. 그 전리품을 노조와 혹은 친환경에너지산업이나 복지산업과 나누어야 하더라도, 그 정도는 충분히 감수할 수 있다. 기업 지원 정책은 좌파 정부든 우파 정부든 간에 쉽사리 이루어진다.

DSA에 따르면 "민주사회주의자들은 막강한 정부와 관료제도를 만들고 싶어하지 않는다. 하지만 거대기업들의 관료가 우리 사회를 통제하는 것 역시 원치 않는다."

그것이 사실이라면, 민주사회주의자들은 정부의 크기와 민주적 의사결정의 범위 모두를 줄이는 것을 목표로 하여야 할 것이다. 하지만 불행히도 그들은 정반대로 행동하고 있다. 그리고 우리들도 같이 이끌고 가려고 한다.

## 제5장

# 듣지 못한 싸이렌

국가가 계획을 하면 할수록 개인들을 위한 계획은 더욱 더 힘들어진다.

— 프리드리히 하이에크

## 22

# 결과는 달라질 수도 있었다

줄리안 아도니(Julian Adorney)

좌파 논객들이 베네수엘라 경제 몰락에 대처하느라 진땀깨나 흘리고 있다. 8월 초, 스탠포드 대학 테리 린 칼(Terry Lynn Karl) 교수가 유가 폭락이 베네수엘라 경제 몰락의 주범이라고 주장하는 무리에 합류했다.

유가가 2014년 배럴 당 약 100달러에서 2017년 약 50달러로 떨어진 것은 사실이다. 그러나 석유 위기를 악화시키고 오늘날 우리가 베네수엘라에서 볼 수 있는 빈곤을 초래한 것은 바로 사회주의 정책들이다.

**자원이 국가 번영을 좌우하지 않는다**

시장이 자유로운 사회는 원자재 가격 하락에 큰 영향을 받지 않는다. 국가의 부가 원자재에 의존하지 않는 이유도 있다.

홍콩과 싱가포르는 세계에서 가장 부유한 국가로서, 2016년 1인당 국내 총생산이 각각 57,676달러, 84,821달러다. 어떻게 자원이라고는 찾아볼 수 없는 해변가 나라들이 상업이 발달하고 중산층이 번영하는 대도시를 이루었을까? 그 대답은 바로 경제적 자유에 있다.

홍콩에서는 사업을 시작하는 데 평균 단 이틀이면 된다. 싱가포르는 사흘이 걸린다. 싱가포르는 인구 350명 당 사업체 한 개가 있다. 이는 경쟁력 있는 기업들이 혁신과 월등한 서비스로 소비자들의 돈을 차지하기 위해 지속적으로 고군분투한다는 의미다. 두 나라 모두 투자와 무역을 장려하기 때문에 소비자들과 기업체들은 다른 나라의 부와 아이디어에서 혜택을 얻을 수 있다.

프레이저 연구소(Fraser Institute)의 "세계 경제 자유 지수 2016년 연례 보고서(Economic Freedom of the World: 2016 Annual Report)"에 따르면 홍콩과 싱가포르는 지구상에서 가장 자유로운 경제체제를 갖고 있다. 프레이저 경제학자들은 말하길, "경제적 자유가 높은 제도와 정책을 갖춘 나라일수록 투자율이 높고, 경제 성장 속도가 빠르며, 소득 수준이 높고, 빈곤율이 빠르게 감소한다." 자유시장은 무역, 기업가 정신, 투자를 장려하는데, 이것이 부를 창출한다.

이와 대조적으로, 전 세계에서 가장 가난한 나라들은 강압적인 정부 개입이 특징이다. 2014년 경제적 자유가 가장 낮은 40개 국의 1인당 국내 생산량 평균은 5,471달러(2011년 달러 기준)였다. 이와 비교하여, 경제가 가장 자유로운 40개국의 1인당 국내 생산량 평균은 41,228달러였다.

천연자원이 풍부하다고 해서 부족한 경제적 자유를 대신할 수는 없다. 이란은 1,500억 배럴이 넘는 석유 매장량을 보유하고 있으나 경제가 가장 자유롭지 못한 10개국 중에 하나다. 수 십 년간 계속된 가격 통제와 산업 보조금 지급은 경제를 멍들게 했고, 정부는 여전히 사업자금 융통을 엄격하게 제한하고 있다. 2014년, 유가가 떨어지기 전에 이란의 1인당 국내 생산량은 6,007달러에 불과했다.

## 베네수엘라 석유 산업은 어떻게 파탄이 났는가

베네수엘라의 경우, 정부가 석유 산업의 경영권을 인수하면서 원유 공급이 줄었고 빈곤의 씨앗이 뿌려졌다. 베네수엘라의 석유 사업은 1976년에 국영화되었지만, 페멕스[21](Pemex)와 같은 국영 기업의 실수와 부패를 타산지석으로 삼아 베네수엘라 국영 원유 기업 페데베사(Petroleos de Venezuela, PDVSA)는 거의 사기업처럼 자유롭게 의사결정을 할 수 있었고 유능한 사업 관리자들이 운영을 맡았다.

1999년 유고 차베스는 권력을 잡고 나서 페데베사의 자유를 박탈했다. 챠베스는 베네수엘라의 원전에 외국 투자를 금지했고, 회사 내 원유 판매 수익금 재투자를 막았다. 그는 페데베사의 18,000명 전문 인력을 해고하고 그 대신 이 분야에 대해서는 문외한이지만 정치적으로 충성스러운 노동자들을 채용했다. 직원들이 매번 기술 규격서를 수정했기 때문에 원유 매입 과정은 몇 달씩 더 걸리기 시작했다. 차베스의 예스맨들은 석유 정제 시설들을 안전하게 운용하는 방법을 몰랐기 때문에 중대한 사고들과 화재가 일상적으로 발생했다. 페데베사 중간관리자들은 롤렉스(Rolex)와 사업 일정을 잡으면서 뇌물도 요구했다.

챠베스는 베네수엘라에서 브라질까지 천연 가스 파이프 사업을 추진했다. 챠베스 이전에 페데베사를 원활하게 운영했던 루이스 기우스티(Luis Giusti)는 이 사업이 "있지도 않은 천연 가스를 있지도 않은 시장에 공급할 것"이라고 말했다.

예견된 대로 원유 생산은 내리막길을 걸었다. 워싱턴 포스트(Washington Post)의 보도에 따르면, 1999년부터 2013년까지 베네수엘라의 원유 생산은 25% 하락했다. 페데베사는 소비자의 필요가 아닌 정치적 이유로 의사결정을 했고, 그 결과 원유 생산은 바닥을 쳤다.

만약 챠베스가 석유 산업을 민영화했다면, 베네수엘라는 더 많은 원유를 채굴하고, 더 효율적으로 판매했으며, 낭비와 부패로 고생하지 않아도 되었을 것이다. 중국이 베네수엘라의 농업을 민영화했을 때 농업 부문의 수확량은 증가했다. 세계은행(World Bank)의 노동 행태 보고서에서 경제 학자, 수니타 키케리(Sunita Kikeri)와 존 넬리스(John Nellis)는 민영화가 실적을 향상시킨다고 설명한다. 사기업들이 경쟁하고 혁신할 때 낭비는 줄어들고 자원은 더 효율적으로 관리되어 더 큰 가치가 창출된다.

베네수엘라는 석유 산업의 목을 계속 조이면서 다른 산업에도 사회주의 정책을 강행해서 결국에는 나라 전체가 석유에 목을 맬 수 밖에 없도록 만들었다. 베네수엘라 국영 제조업의 생산은 1965년 수준으로 하락했다. 전기를 국영화해서 순환정전²² 사태를 야기했다. 정부가 슈퍼마켓과 농장을 인수해서 식량부족 사태를 가져왔다. 주요 품목에 대한 가격통제로 기업들의 생산 의지를 꺾어버렸다. 챠베스가 능률이 떨어진다고 판단한 기업체들을 불시에 단속해도 별 도리가 없었다.

## 결과가 다를 수 있었다

만약 석유 외 다른 산업들이 탄탄했다면 다양한 산업이 분포한 베네수엘라 경제는 유가의 하락에 그리 큰 영향을 받지 않을 수도 있었다. 차베스와 그의 후임자 니콜라스 마두로(Nicolas Maduro)는 다른 산업들을 고사시켜서 국제 유가가 바닥인 시기에 나라 경제가 석유에 더욱 의존할 수 밖에 없도록 만들었다.

1998년 석유는 베네수엘라 수출의 77%를 차지했다. 2011년 그 수치는 97%로 상승했다. 원유 생산은 바닥을 쳤지만 계속 축소되는 국가 경제에서 석유가 차지하는 비율은 여전히 커져만 갔다.

베네수엘라의 경제난이 그저 석유 위기로 야기된 것이라고 둘러대는 좌파 논객들은 석유에 의존하는 다른 나라 경제들은 왜 무너지지 않았는지 설명해야 한다. 세계은행에 따르면 베네수엘라보다 더 석유에 의존하는 나라가 일곱이나 있다. 그 7개국 모두 2013년부터 2017년까지 경제 성장을 보였다. 베네수엘라가 칠레같이 경제적 자유를 추구했다면 베네수엘라 국민들은 굶주린 채 길거리를 배회하지 않아도 되었을 것이다.

## 23

# 경고는 울렸다

필립 밴더 엘스트(Philip Vander Elst)

　전체주의적 사회주의의 탄생과 확산이 다른 어떤 것보다 20세기를 더 잘 정의한다는 주장은 나름 타당하다. 이것이 학생들 대부분이 배우는 내용이나 서구 사회 대다수 사람들이 믿는 바는 아닐지라도, 정당한 결론이다. 전체주의적 사회주의는 역사상 가장 피비린내 나는 전쟁을 유발한 직접적인 책임이 있을 뿐만 아니라, 현대사회에서 내부 탄압과 대량 살상의 가장 큰 단일 원인이기도 했다.

　『공산주의 흑서(1999)』에 따르면, 20세기 동안 공산주의 정권은 적어도 9,400만 명을 학살했다. 이는 실로 엄청난 수치지만, 가장 최소한의 추정치다. 럼멜(R.J.Rummel) 교수는 역사에 한 획을 그은 연구저작물, 『정부에 의한 사망(Death by Government, 1996)』을 통해 공산주의로 인한 사망자 수가 1억 500만 명을 넘었으며, 그의 계산 세부 내용에 쿠바나 모잠비크 같은 제 3세계 국가 또는 동유럽 대부분에서 공산주의로 인한 인적 피해는 포함되지 않았다고 밝혔다. 그러나, 그가 폭로한 사망자 수만 해도 2차 세계대전 총 사상자 수(군인 및 민간인)의 두 배에 달한다.

　물론, 이 통계자료의 수치가 아무리 암울하다 해도, 전체주의적 사회주의 대학살의 참상의 전모를 있는 그대로 전달하기에는 역부족이다. 끔찍한 수치들 이면에는 경제 붕괴, 대량 빈곤, 신체적 및 정신적 고문, 그리고 망가진 삶과 공동체의 황폐함이 자리하고 있다. 사실, 전체주의적 사회주의가 뿌리 내린 모든 대륙에서 발생한 난민들의 쓰나미만큼 전체주의적 사회주의의 파괴적인 영향력을 생생하게 보여주는 것도 없다. 1945년에서 1990년에 걸쳐 아시아, 아프리카, 유럽, 그리고 라틴 아메리카에서 2,900만 명 이상의 남자, 여자, 아이들이 탈출을 감행함으로써 공산주의에 반대표를 던졌다. (자세한 내용과 출처는 나의 책 『환상 없는 이상주의: 자유를 위한 외교 정책 Idealism Without Illusions: A Foreign Policy for Freedom, 1989』에 있다.) 국경선에 지뢰, 국경 경비대, 철조망이 없었다면, 전세계 공산주의 국가들의 인구는 1989년 베를린 장벽이 무너지기 훨씬 전에 사라졌을 것이다.

## 전체주의 논리

무엇이 이렇게 거대한 인간 절망의 쓰나미를 일으켰을까? 무엇이 이 사회주의 국가에서 주민들의 삶을 견딜 수 없게 만들었을까? 지난 세기 위대한 러시아 작가가 우리에게 답을 주었다. 알렉산드르 솔제니친은 말했다.

> 사회주의는 물질적인 문제에 있어 모든 사람들을 동등하게 만들면서 시작된다…… 그러나 소위 '이상적' 평등을 향한 논리적 진보는 불가피하게 힘의 사용을 의미한다. 게다가 인성의 기본 요소 – 교육, 능력, 사고, 감정의 측면에서 너무나 많은 다양성을 보이는 요소 – 들이 평준화되어야 함을 의미한다…… '강제 노동'은 '공산당 선언'Communist Manifesto[1848]을 비롯한 모든 사회주의 선견자들이 주장한 계획의 일부라는 것을 다시 한 번 말해 두겠다. 수용소 군도를 아시아 사람들이 고귀한 이상을 왜곡한 것 정도로 치부해서는 안 된다. 그것은 돌이킬 수 없는 원칙이다. (서구세계에 주는 경고)

그러므로, 사회주의적 평등 추구는 사유재산제와 가족 제도의 폐지 및 농업과 산업의 독점적 국가 소유를 요구하기 때문에 필연적으로 전체주의라는 사악한 결과를 낳는다는 것은 항상 예측 가능한 일이었다. 일당독재, 비밀 경찰, 반체제 인사의 투옥과 고문, 집단 처형, 젊은이들에 대한 정치적 선동, 종교적 소수집단 박해 등, 이 모든 공포는 사회주의의 모든 특성을 갖춘 사회에서 통치 엘리트들과 관료들을 언제나 부패시킬 수 밖에 없는 힘의 독점과 집중이 필연적으로 초래한 결과였다. 러시아 태생의 저명한 정치학자, 티보르 스자무엘리(Tibor Szamuely)는 문명화된 민주주의 시민들이라면 누구나 읽어야 하는 소논문을 이미 한 세대 전에 내놓았다. "그렇지 않다면 어떻게 되겠는가...... 요람에서 무덤까지 생계가 전적으로 국가의 손에 달려 있는데, 그 국가가 한 손으로는 줄 수 있고 다른 한 손으로는 빼앗아 갈 수 있다면 어떻게 거기에 자유가 있을 수 있겠는가?"(사회주의와 자유주의Socialism and Liberty, 1977)

불행하게도, 자유로운 민간 기업을 비판하는 이들과 좌파지식인들은 항상 국가의 자비로운 비전과 그저 더 정의로운 사회를 만드는 데 힘을 사용하겠다는 꿈에 얽매인 나머지 사회주의의 전체주의적 논리는 인정하지 않으려 했다. 결과적으로, 지금까지 쌓인 모든 증거들이 있지만, 많은 사람들은 여전히 민주주의 제도를 이용해서 사회주의가 폭정으로 돌변하는 것을 막을 수 있다고 믿는 "민주사회주의"라는 유령을 쫓고 있다.

대조적으로, 19세기 위대한 고전적 자유주의 사상가들은 그런 환상을 일축했다. 그들 모두는 자유롭고 민주적인 제도의 유지와 국가 사회주의가 양립할 수 없다는 사실을 인지했다. 심지어 그들은 20세기 사회주의 독재자들이 출현하기 오래 전부터 그 모순을 포착했다.

러시아 혁명이 있기 50여년 전, 존 스튜어트 밀(John Stuart Mill, 1806~1873)은 가장 일찍이 경고한 사람 중에 하나였다. 밀은 자신의 에세이 『자유에 대하여(On Liberty, 1859)』 중 요즘 널리 회자되고 있는 구절에서 다음과 같이 선언했다.

만약 도로, 철도, 은행, 보험 사무소, 대형 주식회사, 대학 및 공공 자선 단체가 모두 정부의 지점이라면, 지방 자치 단체와 지방 이사회가 그들에게 맡겨진 직분에 상관없이 모두 중앙행정부의 관할 부서라면, 모든 민간 기업의 고용인들이 정부에 의해 임명되고 임금이 지불되며 삶의 모든 출세가 정부에 의해 이루어진다면, 언론의 자유와 누구나 인정하는 헌법이 있다 한들 그것은 이름만 있을 뿐, 이 나라든 다른 어떤 나라든 자유롭지 못할 것이다.

밀이 이해한 바와 같이, 신문, 회의장, 라디오 방송국 등 모든 통신 수단이 국가의 손에 있다면 언론과 연설의 자유, 집회 및 결사의 자유를 유지할 수 없다. 그러한 상황에서 야당이 선거에서 승리하는 것 역시 불가능하다. 특히, 국가가 통제하는 경제는 어떤 일이 있어도 야당의 선거 자금 조달을 막기 때문이다. 그래서 민주사회주의라는 말 자체가 모순인 것이다. 사회주의는 민주주의(및 자유)를 위해 희석되거나 폐기되어야 한다. 그렇지 않으면 민주주의는 사회주의 제단(祭壇)에 희생될 것이다.

## 러시아 혁명 이전 시기의 진실

러시아 혁명에서 너무나 비극적인 점은 1917년 10월의 공산주의 승리가 태동하는 자유주의 사회의 싹을 잘라버렸다는 것이다. 스자무엘리는 이같이 지적했다.

> 서구 사람들 중에 러시아 혁명이 일어나기 전 20세기 초, 짜르가 통치하던 러시아가 얼마나 자유로웠는지 아는 이는 거의 없다. 언론은 완전한 자유를 만끽했다. 검열은 폐지되었으며 심지어 볼셰비키 출판물도 아무런 제한 없이 시중에 배포되었다. 해외여행의 완전한 자유와 독립 노동조합, 독립적인 법원, 배심원에 의한 재판…… 의회, 하원들이 볼셰비키를 포함한 모든 정치 정당을 대표하는 러시아 국회까지.

대조적으로, 1920년대 초 이 모든 것들이 사라졌다. 솔제니친은 레닌

통치 첫 번째 시기를 다음과 같이 요약했다.

> [민주적으로 선출 된] 국회의원을 해산시켰다…… 재판 없는 사형제도를 도입했다. 노동자들의 파업을 진압했다. 믿을 수 없을 정도로 마을 사람들을 약탈하여 농민들이 민란을 일으켰는데, 가능한 한 가장 피비린내 나는 방법으로 농민들을 짓밟았다. 교회를 완전히 박살내 버렸다. 러시아 20개 지방을 기근 상태로 만들었다. (솔제니친: 자유의 목소리, 1975 Solzhenitsyn: The Voice of Freedom)

민주사회주의자들은 이 시점에서 혁명 전의 러시아가 영국이나 미국처럼 자유롭고 민주적이지 않았으며 사회주의의 대의명분이 볼셰비키의 폭력적인 권력 장악으로 인해 약화되었다고 반대 주장을 할 지도 모른다. 그러나 레닌이 평화로운 선거에서 승리했다 하더라도 이후에 이루어진 경제 장악과 독립된 모든 기관의 국유화는 결국 동일한 전체주의적 결과를 낳았을 것이다.

러시아 혁명의 역사와 차후에 전세계에서 일어난 모든 사회주의 혁명으로 확연히 확인된 사회주의의 내재적 본성은, 밀과 동시대를 살았던 이탈리아의 위대한 자유주의자 조셉 마치니(Joseph Mazzini, 1805~1872)가 분명히 인식했던 바다. 마치니는 1858년 이탈리아 노동자들을 위한 에세이, "경제 문제(The Economic Question)"를 통해 사유재산제를 인간의 발전과 복지에 필수적인 제도로 옹호했을 뿐만 아니라, 사회주의를 맹렬하게 비난했다.

> 개인의 자유, 존엄성, 양심은 생산을 담당한 기계들을 모아놓은 조직 안에서 모두 사라질 것이다. 육체의 삶은 그것으로 만족될지 모르겠지만, 도덕적이고 지적인 삶은 사라질 것이고, 그것과 경쟁하듯 자유로운 일의 선택, 자유로운 유대, 생산에 대한 자극, 사유재산의 즐거움, 그리고 진보에 대한 모든 동기부여가 함께 사라질 것이다. 그런 체제 하에서 인간의 가족은 그저 하나의 무리가 될 것이다…… 도대체 누가 그런 체제를 감수하려고 하겠는가? (인간의 의무, 1961 The Duties of Man)

게다가, 마치니는 사회주의 사회의 건설은 역설적이게도 가장 최악의 불평등을 초래할 것이라고 지적했다. 왜냐하면 보편적 국가 소유권은 전능한 지배 관료 체제가 필요하기 때문이다. "나의 형제들인 노동자들이여" 그는 물었다. "공공 재산의 주인 계급을 받아들일 마음이 있는가? …… 이것은 고대 노예 제도로 돌아가는 것이 아닌가?"

사회주의에 대한 19세기 고전적 자유주의 비판자들의 예언적 인식은 당시 프랑스 경제학계의 중진이자 자유 무역 운동가였던 프레데릭 바스티아(1801~1850)의 글에서 다시 한번 뚜렷이 드러난다. 꾸준히 국가 통제주의를 비판했으며, 특히 사회주의를 쉼 없이 통렬하게 비판했던 바스티아는 1850년에 발표된 짧지만 명쾌한 소논문 『법(The Law)』에서 자신의 반대 주장을 요약했다. 1850년대는 신기하게도 밀과 마치니가 함께 경고의 목소리를 높이던 시기였다.

바스티아는 종합적인 분석을 통해 값진 통찰력을 많이 보여 주었는데, 그 중 세 가지가 특별히 언급할 만한 가치가 있다. 우선, 오늘날 유럽의 좌파와 미국의 "진보주의"의 태도를 특징짓는 민주사회주의 이념에 내재되어 있는 치명적 모순을 부각시켰다. 바스티아는, 사회주의자들이 한편으로는 민주주의 이상을 열렬히 부르짖으면서 모든 성인들은 투표권을 갖고 모든 정치적 의사결정에 있어서 동등한 몫을 해야 할 책임 있는 개인이라고 주장하고, 다른 한편으로는 동일하게 독립적인 사람들이 전권(全權)을 가진 정부 관료들의 개입이나 감독 없이는 자신의 삶을 운영할 수 없다고 여기는 것에 문제를 제기했다. 바스티아는 다음과 같이 말했다.

> 투표할 때가 되면 유권자들은 자신의 지혜로움을 보증하라는 그 어떠한 요구도 받지 않는 것이 분명하다. 현명한 선택을 위한 그의 의지와 능력은 당연한 것으로 간주된다…… 그러나 마침내 사회주의 성향의 입법자가 선출되면 어조가 돌변한다. 사람들은 수동적이고 둔하며 인사불성 상태로 돌아간다. 입법자는 전능하게 된다. 이제 그는 착수, 지시, 추진, 조직화를 시작할 것이다.

오만함의 문제뿐만 아니라, 바스티아는 사회주의자들이 아주 잘못된 길로 가고 있다고 주장했다. 왜냐하면 그들은 사회와 국가를 혼동하고 집산주의와 이타주의를 혼동하기 때문이다. 도덕적 및 사회적 진보는 정부의 계획과 강요가 아니라 개인의 창의력과 자발적인 협력에 달려 있기 때문에 그들의 경제 계획은 진정한 박애 정신을 약화시키고 사회의 빈곤을 악화시킬 것이라고 그는 예측했다. 마지막으로, 사회주의는 모든 자원과 의사결정을 국가에 집중함으로써 영구적인 사회 갈등과 혁명의 씨앗을 뿌린다. 왜냐하면 사회주의는 절대 충족될 수 없는 기대만 잔뜩 불러일으켜 놓고는 세금과 복지 제도를 통해 모든 국민이 서로 남의 돈에 의지해서 살도록 부추길 것이기 때문이다.

## 제2세대 반(反) 사회주의 비평가들

19세기 중반 바스티아, 마치니, 밀이 시작한 사회주의에 대한 지적 공격은, 1880~1890년대 유럽 전역에 사회주의 투쟁이 급속하게 확산되자 그 다음 세대 고전적 자유주의 사상가들에 의해 재개되었다. 이 시기에는 영국의 허버트 스펜서(Herbert Spencer, 1820~1903), 찰스 브래들로(Charles Bradlaugh, 1833~1891), 오베론 허버트(Auberon Herbert, 1838~1906) 및 윌리엄 렉키(William E.H. Lecky, 1838~1903)가 가차없는 엄정함과 예언적 통찰력으로 사회주의를 비난했다.

"우리는 국가 통제 하에 있는 모든 산업 조직이 산업 에너지를 마비시키고 개인의 노력을 억제하고 무력화시켜야 한다는 것에 반대한다"라고 1884년 브래들로는 말했다(찰스 브래들로의 정치 소논문집〈A Selection of the Political Pamphlets of Charles Bradlaugh, 1970〉). 렉키 역시 브래들로의 의견에 동의하며 1896년 다음과 같은 글을 썼다.

> 개개인이 자신의 환경을 개선하고, 뛰어난 재능, 에너지, 또는 검소함을 온전하게 보상받고 싶은 욕망은 이 세상의 생산에서 가장 중요한 원동력이다. 이러한 동기들을 제거해 보라…… 평범한 사람들에게서 야망, 기업가 정신, 발명과 자기 희생을 자극하는 모든 희망을 차단해 보라. 그러면 전체적인 생산수준은 급격하게 그리고 불가피하게 침체될 것이다. (민주주의와 자유Democracy and Liberty)

데이빗 오스터펠트(David Osterfeld)의 "사회주의와 인센티브(Socialism and Incentives)"(The Freeman, 1986년 11월)나 케빈 윌리엄슨의 『사회주의에 대한 잘못된 정치 가이드(The Politically Incorrect Guide to Socialism)』(2011)를 읽은 사람들은 누구나 알 수 있듯, 그들의 선견지명은 20세기에 입증되었다.

사회주의에 대한 브래들로와 렉키의 반대는 물질적 파괴력에 국한되지 않았다. 그들은 또한 고전적 자유주의 선배들과 마찬가지로 자유와 가족에 대한 사회주의의 적개심을 포착했다. 브래들로는 심지어 사회주의를 시행하면 모든 사람들의 이념을 개조해야만 할 것이라고 예측했는데, 이 현상은 문화 혁명 이전, 및 혁명 기간의 중공과 오늘날의 북한에서 뚜렷하게 입증된 모든 공산주의 정권의 특징이다.

허버트 스펜서와 오베론 허버트 역시 사회주의에 대해 폭넓게 비판하면서 동일한 예지력을 보여주었다. 그들은 다른 동료들만큼 설득력 있게 사회주의와 자유의 불일치를 강조했을 뿐만 아니라, 사회주의가 야기할 끔찍한 폭력과 잔인함도 예상했다. 1885년에 쓰여진 허버트의 글은 식민지로부터 독립한 제3세계 국가들 상당수에서 나타난, 사회주의 혁명, 독재, 내전이 끊임없이 반복되는 양상으로 끔찍하게 입증되었다.

> 무한한 권력이 지배자의 손에 놓여 있는 상황에서…… 내기에 건 판돈이 너무나 엄청나기에 상대방에게 권력을 빼앗기지 않을 수단이라면 그 어느 것도 절대 피하지 않을 것이다. [국가의 의한 강요의 옳고 그름(The Right and Wrong of Compulsion by the State)]

스펜서는 1891년 유사한 통찰력을 보여주는 글을 썼다.

> 사회이론의 광신적 추종자들은 자신들의 생각을 실행함에 있어서 그 어떤 조치라도, 심지어 그것이 아무리 극단적일지라도, 취할 수 있다. 예를 들어, 과거 무자비했던 사제단과 같이 결국 목적이 수단을 정당화한다. 그리고 사회주의 조직이 만들어지면, 사회주의 활동을 지휘하는 거대하고 강압적이며 독단적인 수뇌부는 그들에게 필요하다고 판단되는 것은 어떤 것이든, 무력과 협박을 동반한 것이라도 거침없이 사용한다. 지금까지 있었던 그 어떤 것보다도 거대하고 끔찍한 독재를 감행할 것이다. [개인 대 국가(The Man versus the State)]

이 모든 경고들이 묵살된 것은 역사의 비극이다. 21세기에도 여전히 세계 정부를 요구하는 사람들이 이 경고를 들을 수 있을까?

# 24

# 미제스의 『사회주의』

피터 J. 뵈트케(Peter J. Boettke)

　루트비히 폰 미제스가 20세기 최고의 경제학자 중 한 명임은 의심의 여지가 없다. 좌파와 우파 양측에서 근거 없는 이야기들이 돌아 다니고는 있지만, 미제스는 한번도 사회과학계 내부에서나 대중적으로나 무명의 학자였던 적이 없다. 그는 저서 『화폐와 신용의 이론(The Theory of Money and Credit, 1912)』으로 이미 1차 세계대전 이전에 독일어권은 물론 유럽 대륙 전체 경제학계의 소장 학자들 중에서도 선도적 경제이론가로 자리잡았다. 2차 세계대전이 일어나기 전 1920년대와 1930년대에 걸쳐, 이론가이자 방법론 연구자로서 그의 명성은 세계적으로 퍼져나갔다.

　라이오넬 로빈스(Lionel Robbins), 프랭크 나이트(Frank Knight) 등 영국과 미국의 주요 경제사상가들도 경제학에 대한 미제스의 기여를 자세히 연구하고, 그의 생각에 진지하게 교감했다. 이 시기에 하이에크(F. A. Hayek), 프리츠 메클럽(Fritz Machlup), 오스카 모겐스테른(Oskar Morgenstern), 고트프리트 하벌러(Gottfried Haberler), 펠릭스 카우프만(Felix Kaufman), 알프레드 슈츠(Alfred Schutz) 등 그의 제자들이 학계에서 성공적으로 자리를 잡음에 따라 젊은 경제학자들의 스승이자 멘토로서 그의 명성도 독일어권 학계를 넘어 유럽으로, 결국엔 국제 학계에 널리 퍼졌다. 헨리 시몬스(Henry Simons)는

『미국 정치학 및 사회과학 학회 연감(the Annals of the American Academy of Political and Social Science)』에 미제스의 저서 『전능한 정부(Omnipotent Government)』에 대한 리뷰를 실으며 "자신이 키운 뛰어난 제자와 후배들이 학계에 미친 기여를 기준으로 평가한다면, 오스트리아학파의 태두인 미제스 교수는 경제학계에서 가장 위대한 교사이다"라고 썼다.

그의 저서 『사회주의: 경제학 및 사회학적 분석(Socialism: An Economic and Sociological Analysis)』은 미제스가 경제 사상가로서 확고한 지위를 차지하게 하는데 주요한 역할을 한 책이다. 폴 새뮤얼슨(Paul Samuelson)은 그의 글 '베르틸 올린(Bertil Ohlin)[23]"에서 "노벨 경제학상이 다른 부문 노벨상과 같은 시기에 생겼다면, 미제스는 노벨 경제학상 초기 수상자 중 한 명이 되었을 것"이라고 밝혔다.

노벨상을 받을 기회는 없었지만, 미제스는 1969년 미국경제학회의 특별회원(Distinguished Fellow of the American Economic Association)이 되었고, 모국 오스트리아에서 과학 분야 성취에 대해 수여하는 가장 명예로운 상훈을 받기도 했다. 알버트 허쉬만(Albert Hirschman)의 『열정과 이해관계(The Passion and the Interests)』나 존 케네스 갤브레이스의 『풍요로운 사회(The Affluent Society)』 등 다양한 기념비적 저작에서 20세기 경제학 중 자유방임적 입장의 정수로 거론된다는 점도 미제스가 갖는 비중을 잘 보여준다.

새뮤얼슨의 예측은 가치이론과 자본이론, 화폐이론 등의 분야에서 기술경제학(technical economics)에 대한 미제스의 기여에 근거한 것이었다. 허쉬만이나 갤브레이스 같은 학자는 사회철학에 대한 미제스의 기여를 높이 평가했다. 미제스의 저서 『사회주의』의 가장 놀라운 점은 미제스 사상의 이 두 측면이 온전한 모습으로 명민하게 드러나 있다는 것이다. 『사회주의』의 서문에서 하이에크가 지적한 바와 같이, 이 책은 한 세대 경제학자들 전체의 생각을 바꾸어 놓았다. 한마디로 『사회주의』는 경제학과 정치경제학 분야의 모든 저술들 가운데서도 가장 대담하고 뛰어난 책 중의 하나라 할 수 있다.

## 우리 시대의 고전

이 책이 처음 영어로 번역된 것은 1932년이었지만, 헨리 해즐릿(Henry Hazlit)이 뉴욕 타임스에 서평을 쓴 것은 1938년 1월 9일이나 되어서였다. 해즐릿은 "열린 마음의 독자라면 누구나 저자의 추론의 정확함과 논리의 엄밀함, 사상의 힘의 일관성에 감명받지 않을 수 없다"라고 썼다. 그는 더 나아가 미제스의 분석이 사회주의 철학에 가장 심대한 타격을 입혔다고 주장했다. 그는 『사회주의』가 기술경제학에 바탕을 두고 있지만, 보다 광범위한 문헌들을 다루며, 자본주의를 공격하고 사회주의를 옹호하는 모든 종류의 논리들을 검토한다고 강조한다. 미제스가 이러한 작업을 "강력하고 명민하게, 완벽하게 수행하며, 따라서 이 책의 사회주의에 대한 분석은 지금까지 나온 모든 관련 서적 중에서 사회주의에 가장 심대한 타격을 가한 것"이라고 평가한다. 해즐릿은 『사회주의』가 "우리 시대의 경제학 고전"이라고 선언한다.

이러한 결론에 이르게 된 데에는 역사적 맥락과 분석적 엄밀함이라는 두 가지 이유가 있다. 20세기 초반의 시대정신은 사회주의에 대해 혁명적 열정을 보였다. 미제스는 이 책의 첫 문장에서 이렇게 말한다.

> 사회주의는 오늘날의 좌우명이며 표어이다. 사회주의 이념은 현대의 정신을 지배하고 있다. 대중은 이를 승인한다. 사회주의는 모두의 생각과 느낌을 나타낸다. 사회주의는 우리 시대에 강렬한 표식을 남겼다.

사회철학으로서의 사회주의는 인간의 심리 속에 깊이 각인돼 있는 꿈같은 열망을 건드린다. 사회주의는 세상에서 사회악을 일소하고 평화와 조화의 시대를 불러오겠다고 약속했다. 그 약속은 바로 '지상 낙원'이 우리의 집합적 의지 안에 있다는 속삭임이다. 사람이 다른 사람을 착취하는 일이 없어지고, 정의로운 사회의 세계가 여기 지상의 죽을 운명의 사람들 코 앞에 다가왔다. 계급간 투쟁이 막을 내림에 따라 소외를 초월하고 진정한 사회적 조화를 실현함으로써 착취를 종식한다는 사회주의자의 비전에 종교적 사상가와 세속적 사상가 모두 매료되었다.

미제스는 회고록 『기억과 회상(Notes and Recollections)』에서 사회주의와 보다 일반적인 사회적 협력 체계를 연구하는 과정에서 어떻게 자신의 분석이 그러한 결론에 도달했는지, 그리고 왜 자신이 주장한 바의 엄격한 과학적 특성을 강조했는지를 논한다.

> 사회적 협업에 관한 나의 연구에서 나는 사회주의와 개입주의의 다양한 분파와 최신 동향 등을 망라해 논파하는데 많은 시간과 노력을 쏟았다…… 내가 조직 문제의 심리적 측면을 간과했다는 비판을 많이 들었다. 인간은 영혼이 있고, 이 영혼은 자본주의체제를 편안하게 여기지 못 한다는 것이다. 또 사람은 더 만족스러운 노동 및 고용 구조를 위해 생활 표준의 악화를 감내할 의지가 있다고들 한다.

하지만 미제스는 주장한다.

> 우선 이러한 주장 - 이를 '뜨거운 가슴으로 하는 주장'이라고 부르자 - 이 사회주의자와 개입주의자들이 여전히 적극 지지하는 본래의 '차가운 머리로 하는 주장'과 조화를 이루지 않는지 살펴보는 것이 중요하다. 후자의 사회주의 논리는 자본주의가 생산력의 완전한 발전을 저해해 생산이 실제 가능한 수준에 미치지 못 하게 한다는 확신을 갖고 자신들의 계획을 정당화한다. 사회주의적 생산방식은 산출을 헤아릴 수 없을 정도로 늘여 모든 사람에게 풍성히 공급하는 데 필요한 조건을 창출할 것으로 기대된다.

미제스는 사람의 일에서 이성이 차지하는 역할을 다시 한번 강조하며 논의를 마무리한다.

마음 논리를 평가하려면, 사회주의적 생산체제를 채택함으로써 발생하는 경제적 후생의 감소 정도를 조사하는 것이 중요하다…… 경제학은…… 이 논란을 종식시킬 수 없다(고 사회주의자들은 주장한다).

하지만,

나는 마음 논리의 활용의 신빙성을 떨어뜨리는 방식으로 이 문제를 다루었다…… 나는 감성적 접근이 반자본주의적 정책이 인기를 끄는 이유 중 하나임을 부인하지 않는다. 하지만 적절치 않은 제안과 수단이 그러한 심리적 넌센스에 의해 적합한 것으로 바뀌지 않는다.

사회협업체제에 대한 미제스의 분석은 엄밀한 과학적 수단-목적 분석(means-ends analysis)[24]접근법에 기반한다. 집산주의자들이 지향하는 목적에 강력히 반대하기는 하겠지만, 경제학자로서 미제스는 그런 찬반에 매몰되지는 않는다. 그는 탈가치 과학으로서의 경제학(value-free economic science)의 이상에 깊이 헌신했다. 이러한 과학적 분석의 비전을 가진 경제학자의 임무는 주어진 목표를 달성하기 위한 수단의 효율성에 대한 비판적 분석에 집중하는 것이다.

## 머리로 하는 토론에서 가슴에 대한 호소로

사회주의에 이를 적용하자면, 생산수단의 집단 소유(선택된 수단)가 추구하는 목표(생산의 합리화와 그에 따른 - 사회적 조화의 약속을 가능하게 할 - 생산력의 확대)를 실현하는데 효과적인지 따져보는 것이다. 앞서 언급했듯, 미제스는 '마음 논리'에 바로 접근하지 않는다. 대신 '마음 논리'의 호소력을 완화하기 위해 '머리 논리'의 문제를 다룬다.

그 어떤 꿈 같은 열정도 미제스가 과학적으로 분석한 사회주의적 조직의 근본적 문제를 해결하지 못 한다. 해즐릿은 그의 리뷰에서 바로 이점을 지적했다.

> 미제스가 보기에 사회주의 실현의 최대 난관은, 간단히 말해, 지성에 대한 문제다. 그것은 단지 선의 혹은 개인적 보상 없이도 열정적으로 협업하려는 의지의 문제가 아니다. "비록 천사들이라도, 인간 수준의 이성만을 갖게 된다면, 사회주의적 사회를 이루지 못할 것이다."

사회주의는 사유재산 시장경제에서 경제적 계산으로 인해 가능한 지성의 분업(intellectual division of labor)을 앞서야 한다. 미제스는 그의 저서 『자유주의』에서 이렇게 썼다.

> 이는 경제학이 사회주의 사회의 실현 가능성에 대해 던지는 결정적 반대 논거이다. 사회주의는 시장가격의 형성에 있어 생산자이자 소비자로 참여하는 모든 기업가, 지주, 노동자들로 구성되는 지성의 분업에 선행해야 한다. 하지만 그것이 없다면 합리성, 즉 경제적 계산의 가능성은 생각할 수조차 없다.

달리 말해, 자본주의는 경제적 계산의 문제를 해결할 수 있고 교환과 생산활동의 복잡한 조율을 이룰 수 있다.

미제스의 주장은 명쾌하다. 사적 소유가 없다면 생산수단이 거래되는 시장은 존재할 수 없다. 생산수단의 시장이 없으면 시장에서 확립된 가격(monetary prices)도 없다. (이러한 가격은 교환 비율, 또는 사람들이 기꺼이 감수하고자 하는 상대적 거래의 균형을 반영한다.) 그리고 서로 다른 재화와 용역의 상대적 희소성을 나타내는 가격이 없다면, 경제 문제를 두고 의사결정 하는 사람들이 합리적 경제적 계산을 할 길이 없어진다.

사유재산권이 부정되고 경쟁적 시장과정에서 도출되는 가격이 없는 세계에서는 합리적 경제 계산이 불가능하다. 사회주의는, 그 정의에 따라, 시장경제의 근간, 즉 생산수단의 사유화를 금한다. 사회주의체제는 시장에서 경제적 계산이 하던 역할을 대신할 다른 메커니즘을 찾아야 한다. 합리적 경제 계산의 능력이 없으면, 경제적 의사결정을 하려는 사람들은 어둠 속에서 헤매게 된다. 미제스가 말한 대로, "생산이란 길고 서로 밀접히 연관된 절차에 따라 이뤄지는데, (경제적 계산이 없으면) 어둠 속에서 너무 많은 발걸음을 내딛는 것과 마찬가지"인 셈이다.

이러한 논증은 사회주의에 결정적 타격이다. 분업에 따른 사회적 협업의 기반이 그저 일상의 경제적 실제의 배경이 될 뿐인 시장경제체제에 사는 독자들이 사실은 얼마나 많은 것들을 당연한 것으로 여기고 살아왔는지 분명하게 깨닫게 하기 때문이다. 하지만 널리 퍼진 오류를 논파하는 것 외에도 경제학자의 주요한 임무 중 하나는 일상적인 것의 신비를 학생과 시민들에게 알리는 일이다.

## 경제적 계산의 역할

존 메이너드 케인즈(John Maynard Keynes)가 자신의 저서 『고용, 이자 및 화폐의 일반이론(The General Theory of Employment, Interest and Money)』에서 자본주의 경제에서 경제적 의사결정자들이 "시간과 무지의 어두운 힘"에 사로잡혀 있다고 주장한 것은 잘 알려져 있다. 케인즈에 따르면, 우리가 미래에 어떤 경제적 노력을 할 지는(완전한 지식을 가진 상태에서가 아니라) 어느 정도 추측에 맡긴 채 결정할 수 밖에 없고, 이는 저축과 투자가 서로 따로 노는 경우 심각한 조정 문제로 이어지는 경향이 있다. 이러한 경제적 불안정은 대량 실업을 불러올 수 있다.

미제스의 『사회주의』가 다루는 주제인 자본주의에 대한 사회주의의 비판과는 달리, 거시경제적 불안정을 근거로 하는 케인즈의 자본주의 비판은 개입주의적 입장에서의 자본주의 비판의 변형이다. 개입주의의 자본주의 비판에 대해서는 미제스가 『인간행동(Human Action)』등의 저서에서 다루었다. 하지만 이 같은 심대한 차이점은 잠시 제쳐두고, 미제스는 케인즈가 발견한 이런 상황 자체를 부인하지는 않는다.

자본주의 사회의 경제적 의사결정자들은 생산활동이 불확실한 세계와 현대 화폐 경제의 복잡성 속에서 일어난다는 사실을 염두에 두고 행동해야 한다. 분업을 통한 사회적 협력의 혜택을 누릴 수 있을지는 수천 명, 아니 수백만 명의 개인들의 분산된 활동을 조정하는 사회 체제의 역량에 달려있다. 미제스가 경제적 계산을 논하며 강조한 것이 바로 이 점이다.

사유재산 시장경제에서 나타나는 가격은 경제적 결정을 돕는다. 손익 계산은 여러 대안 가운데 자원과 시간을 어떻게 배분하는 것이 좋을지 피드백을 제공한다. 화폐적 계산이 경제적 변화의 바다를 헤쳐 나가는 완벽한 가이드는 결코 아니다. 그러나 그것이 있기에 때로는 거친 파도가 넘실대는 바다를 항해해 나갈 수 있음은 분명하다. 그것은 수많은 경제적 가능성의 홍수 속에서 안내자 역할을 한다. 소비재, 혹은 기껏해야 가장 저차재인 소비재를 생산하는 재화에 대해서만 가능하던 가치 평가를 모든 고차재에 대해서도 할 수 있게끔 해준다.[25]

간단히 말해, 경제적 계산을 통해 우리는 시간과 무지의 어두운 안개를 뚫고 나갈 수 있고, 인간의 한계 내에서 할 수 있는 한 최대로 합리적인 방식으로 경제 활동을 조직할 수 있다. 합리적으로 계산할 수 있는 능력이 없다면 합리적 경제 계산은 불가능하다.

경제적 계산은 전체 시장 내 경제적 의사결정자들이 기술적으로 가능한 수많은 프로젝트들 중 경제성 있는 프로젝트만 골라낼 수 있게 한다. 미제스는 이같이 말한다.

> 하지만 경영의 진정한 역할, 즉 목적을 이루기 위한 수단의 적용은 이 같은 결정이 내려졌을 때 (예를 들어 여러 생산요소에 대한 고려를 포함한 여러 대안 중 하나를 선택하는 것) 시작된다. 경제적 계산만이 이러한 적응을 가능하게 한다. 이러한 도움이 없다면, 인간의 의식은 수없이 많은 가능한 재료와 과정의 혼란 속에서 완전히 길을 잃고 말 것이다. 우리가 서로 다른 과정이나 서로 다른 생산 중심지 사이에서 결정해야 할 때마다 우리는 망망한 대해에 혼자 던져질 것이다.

경제 문제란 기술적 가능성이나 어떤 생산수단의 효율성에 대해 더 많은 정보를 알아내는 것이 아니다. 그것은 시간의 흐름에 걸쳐 경제 안에서 각 개인들의 계획을 서로 조화시키는 것이며, 다른 사람의 소비 수용과 맞물린 생산계획과 교환을 통한 상호 이익이 서로 만나 최대화되는 방식으로 조화시키는 것이다.

"(경제적) 계산이 없다면," 미제스는 말한다.

> 경제 활동은 불가능하다. 사회주의체제에는 경제적 계산이 없기 때문에, 사회주의체제에서는 우리가 생각하는 경제적 활동이 있을 수 없다. 작고 하찮은 일들에 있어 합리적 행동은 여전히 있을 수 있다. 하지만 대부분 합리적 생산을 논하는 것은 더 이상 가능하지 않을 것이다. 합리성의 영역이 없다면, 의식적으로 경제적인 생산활동은 있을 수 없다.

## 경제적 현실성

정치경제학자들은, 고전 시대와 현대를 막론하고, 무엇이 '좋은 사회(good society)'를 구성하는가에 대한 질문을 다룬다. 하지만 정치경제학자들은 사회 시스템에 대한 철학적 평가에 꼭 포함되어야 할 기술적 경제 원칙이 있다고 주장한다.

경제학을 비판하는 사람들은 경제학자들이 모든 것의 가격(price)은 알지만, 가치(value)는 전혀 모른다고 말한다. 아마도, 경제학과 같은 정책과학 분야에서 오직 경제학만 아는 경제학자보다 더 지적으로 위험한 것은 없을 것이다. 나는 여기에 한 가지를 덧붙이고자 한다. 경제학을 전혀 모르는 도덕철학자는 더 위험하다.

미제스는 다음과 같은 기본적인 질문을 통해 어떤 본질적인 의문을 제기한다. "여보게 동지들, 새로운 세계 질서를 불러오는 합리적으로 계획된 경제 계획이 참 멋지고 좋습니다. 그런데 도대체 닭 한 마리가 노동자의 저녁상에 올라가는 과정을 정확히 설명해 줄 수 있습니까?"

다른 말로 표현하자면, 이 경제 시스템은 재화와 용역을 합리적이고 효과적인 방식으로 제공하기 위해 아주 기본적인 수준에서 어떻게 작동할 것인가? 생산의 '합리화(rationalization)'는 혼란에 의해 초래되는 고질적 낭비가 만연한 프로젝트일 수 없다. 하지만 이것이 정확히 미제스가 사회주의의 아이디어를 공격하는 부분이다. 생산수단의 집합적 소유라는 수단을 선택했다는 것은 그들이 생산의 합리화와 사회적 관계의 조화라는 자신들의 목표를 이룰 수 없음을 의미한다. 수단과 추구하는 목표가 전혀 맞지 않기 때문이다.

사회주의가 주는 꿈같은 영감은 경제 현실의 단단한 바위와 충돌하고 만다. 사회주의가 필연적으로 가져 올 궁극적 환멸을 미제스만큼 명료하게 표현한 사람은 없다. 이는, 역설적으로, 미제스만큼 사회주의의 영감에 그렇게 교감하며 그것을 나타낸 사람도, 경제학적 비판의 함의를 그렇게 잘 드러낸 사람도 없기 때문이다.

미제스가 '마음 논리'와 '머리 논리'를 구분한 차이를 언제나 기억할 필요가 있다. 인간에 관한 과학의 진보를 위해서 우리는 '머리'의 이성적 분석으로 '마음'을 다스리는 법을 배워야만 한다. 미제스는 위대한 경제학자의 일을 해내는, 경제 이론의 마스터이며 비판적 사상가이다.

이런 점을 염두에 두고, 독자들은 『사회주의』를 읽으며 놀라운 지적 모험을 준비하는 편이 좋을 것이다. 미제스의 비평은 포괄적이며, 마르크스주의와 소련의 중앙계획경제와 같은 정통 사회주의뿐 아니라 신디칼리즘[26]과 협동조합, 기독교 사회주의까지 다룬다. 기본적으로 모든 형태의 사회주의가 다뤄지며, 각각이 모두 문제점이 있음을 밝힌다. 또한 그의 '불가능성' 테제를 반박하려는 여러 시도들에 대해 『인간행동』에서 보다 상세하게 다루긴 하지만, 미제스는 『사회주의』에서도 사회주의 경제학의 몇몇 가장 핵심적인 아이디어를 논박한다. 이 과정에서 독점, 불안정성, 불평등 등 핵심 아이디어 뿐 아니라 경제 이론을 세움에 있어서 평형 상태의 적절한 역할, 경제적 분석에서 수학의 역할, 조정의 문제를 풀기 위해 사회주의가 반드시 맞닥뜨릴 수 밖에 없는 유사시장 혹은 인공시장 도입 노력의 적합성 등의 문제를 다룬다.

## 자본주의 시장의 성취

이 책은 사회주의에 대한 궤멸적 비판뿐 아니라 사유재산과 자유시장 경제에 대한 세심하고 명민한 옹호를 담고 있다. 미제스의 자본주의 이해는 사회주의자와 개입주의자의 자본주의 비판을 진단하려는 노력을 통해 다듬어졌다. 사회주의가 이루지 못 하는 것을 자본주의는 매일 이뤄내고 있다.

생산수단의 사적 소유를 폐지한 사회는 왜 경제적 계산을 수행할 수 없어 제대로 작동할 수 없게 되는지를 연구하면서 미제스는 소유와 가격, 이익, 손실이 자본주의 시스템에서 경제적 활동의 조율을 가능하게 하는 본질적 장치인지를 명확히 제시할 수 있게 되었다. 소유가 없는 가격은 환상일 뿐이며, 이익 없는 기업가정신은 게임을 하는 것에 불과하다.

사회주의의 문제는 경영 측면의 동기 부여도, 노동에 대한 인센티브 제공도 아니다. 이러한 문제들도 해결이 매우 어렵긴 하지만 말이다. 진짜 문제는, 경쟁적 시장경제라는 맥락이 제거된 상황에서는, 경제적 계산에 필요한 지식이 존재할 수 없다는 것이다. 선의를 가지고 스스로 동기 부여된 사람도 이 문제를 피할 수는 없다. 경쟁적 시장과정의 대안을 발견했다고 믿는 사람들을 비판하면서, 미제스는 의도치 않게 기업가적 시장과정에 대한 성숙한 이해의 씨를 뿌리고 있었다. 요약하자면, 20세기 경제학에 대한 오스트리아학파의 가장 특징적인 기여 중 하나가 사회주의적 계산에 대한 논쟁 속에서 모습을 갖춰갔다.

하지만 이런 논쟁은 1989년과 1991년 이후 실질적으로 사라지지 않았는가?

소련 방식의 중앙계획은 더 이상 과거와 같은 호소력을 갖지 않는다. 하지만 미제스는 『사회주의』를 통해 사회주의 사상가들이 자본주의를 비판하며 퍼뜨린 생각들은 경제학을 포함해 우리의 지적 문화 전반에 만연해 있음을 지적한다. 독점력, 자본주의의 투기 현상, 불공평한 소득 분배 등에 대한 비판이 광범위하게 존재한다. 그리고 해결책이라고 제시되는 것들은 대부분 – 언제나 그런 것은 아니지만 – 재산과 가격, 이익과 손실에 의해 생성되는 인센티브와 정보, 혁신에 의해 밀접하게 연결되어 있는 경제 행위의 복잡한 그물망에 대한 이해가 부족함을 보여줄 뿐이다.

시스템이 하나의 전체적 메커니즘으로 작동하는 것의 중요성이 종종 간과된다. 『사회주의』의 독자들은 책을 읽어 나가면서 사회주의 사상가들의 낡은 아이디어들이 얼마나 많이 우리의 정치적 대화에 기본 전제가 되어 왔는지, 그리고 널리 퍼진 오류들에 대한 미제스의 날카로운 비판이 오늘날 공공 정책의 영역에 얼마나 잘 들어맞는지 깨닫고 놀라게 될 것이다.

### 미제스에 대한 더 자세한 이야기들

미제스의 언어 사용에 대한 언급으로 글을 마치고자 한다. 미제스를 주의 깊게 연구한 사람은 『사회주의』에서 '인간 행동학(praxeology)'이라는 용어가 쓰이지 않았음을 발견할 것이다. 대신, '사회학(sociology)'이라는 용어가 쓰였다. 놀라지 말라. 미제스는 평생에 걸쳐 인간 행동학을 연구해 왔다. 1922년(그리고 이 책의 영문판이 나온 1932년에도) 미제스는 인간 행동학이란 용어를 쓰지 않았다. 그는 여전히 넓은 의미에서 베버 전통의 해석학적 사회학이라는 큰 틀 안에서 인간 행동의 일반 이론, 그리고 이 광범위한 과학에서 갈라진 한 분야로서의 경제학을 연구하는 작업을 한다고 스스로 생각했다. 경제학 분야에서는 멩거와 뵘-바베르크를 계승한다고 생각했다. 미제스는 인간 행동의 일반 과학에 대한 그의 이해를 제대로 포착하기 위해 인간 행동학이란 용어로 기울었고, 베버적 용어를 폐기할 수 밖에 없었다. 이는 제1, 2차 세계대전 사이 기간 중 뒤르케임(Durkheim)의 영향 아래 사회학이 발전해 온 방식으로부터 영향을 받은 것이었다.

하이에크와 그의 사회주의 비판을 주의 깊게 연구한 사람이라면 미제스의 사회주의 비판 중 합리적 구성주의를 비판하고 자생적 질서를 옹호한 부분이 어디인지 궁금할 수 있을 것이다. 하지만 구성주의에 대한 비판과 자생적 질서에 대한 미제스의 비판을 읽어내지 못 했다면 그의 텍스트를 꼼꼼히 읽지 않은 것이다. 물론, 미제스와 하이에크 사이에는 차이점들이 있다. 사실 그것들은 토론이 필요한 중대한 차이점들이다. 하지만 사회학과 경제학의 근본적 이슈와 사회주의적 계산 논쟁에서 야기된 문제들에 대한 그들의 생각의 유사성은 충분히 인지되고 강조되어야 한다.

앞서 언급한 바와 같이, 미제스에게 있어 사회 조직에 대한 핵심 아이디어는 분업에 의한 협력이다. 경제적 계산이 없으면 경제체제는 분업의 복잡한 조율을 성취할 수 없으며, 따라서 사회적 협업의 혜택도 실현할 수 없다. 미제스가 강조한 지적 분업은 후에 하이에크가 주장한 지식의 분업(division of knowledge) 논의를 통해 보다 정교하게 발전했다. 그 둘이 강조하는 바는 명백히 서로 다르지만, 그들이 같은 지적 흐름에 있음은 의심의 여지가 없다.

시장경제의 자생적 질서에 대한 미제스와 하이에크의 의견에 대해서도 비슷한 주장을 할 수 있다. 미제스의 분석이 인간 행동의 의도적 성질에 초점을 맞춘다면, 하이에크는 인간 행동의 의도치 않은 결과에 초점을 맞추는 것으로 이해할 수 있다. 하지만 하이에크의 글을 자세히 읽은 사람이라면 그가 "사람의 의도가 아니라, 사람의 행동에 대하여"라는 스코틀랜드 계몽 사상가들의 어법을 강조했음을 기억할 것이다. 그리고 하이에크는 이러한 작업을 함에 있어서 칼 멩거로부터 영감을 얻었다. 멩거는 사회과학의 가장 중요한 문제는 "공공복지에 기여하고 그 발전에 극히 중요한 이 기관(= 시장)이 어떻게 시장을 설립하려는 방향으로의 공통의 의지 없이 존재하게 되었을까?"라는 질문에 답하는 것이라고 주장한 사람이었다.

미제스를 주의 깊게 연구한다면 『사회주의』 중 미제스가 유기체(organism)와 조직(organization)을 구분한 부분을 접할 것이다. 조직은 사회 질서의 직접적 의도와 관리의 결과인 반면, 유기체는 미리 계획되지 않은 질서를 뜻한다. 미제스는 이렇게 말한다.

> 조직은 권위에, 유기체는 상호성에 기반한 유대 관계이다. 원시적 사상가(primitive thinker)는 언제나 무엇인가가 외부에서 조직되었다고(organized) 생각하지, 스스로 유기적으로(organically) 성장했다고 보지 않는다.

하지만, 미제스는 이어간다.

> 유기체의 속성을 인지하고 조직 개념의 배타성을 일소하면서, 과학은 가장 위대한 진전 중 하나를 이루었다. 앞서간 사상가들에게 존경을 표하는 한편, 우리는 사회과학의 영역에서 이러한 업적은 주로 18세기에 이루어졌다고, 그리고 고전적 정치경제학과 그 직전의 선도자들이 중요한 역할을 했다고 말할 수 있다.

다시 말해, 미제스가 그 범위 안에서 연구하고 『사회주의』에서의 분석을 통해 결정적으로 기여한 사회학과 경영학의 과학적 진보를 가능하게 한 것은 바로 애덤 스미스와 그의 동시대 학자들이었다.

미제스는 진실로 20세기의 가장 위대한 경제 사상가 중 한 명이었다. 그의 기여는 가치이론, 자본이론, 화폐이론, 경제체제 비교, 경제학 방법론 등 다양한 분야에 걸쳐있다. 다가올 새로운 세대는 매 세대마다 그의 저작을 새롭게 읽고 그의 작업이 '세속의 철학(worldly philosophy)'에 대한 수세기에 걸친 대화를 구성하는 '확장된 현재(extended present)'에 얼마나 결정적 기여를 했는지 주목해야 할 것이다.

미제스는 명민한 기술경제학자임과 동시에 담대한 사회철학자였기에 다른 학자들 위해 우뚝 설 수 있었다. 『사회주의』는 이러한 기술들을 매 페이지마다 보여준다. 나는 학부생이던 1980년대 초부터 이 책을 읽어 오고 있고, 대학에서 가르치기 시작한 1980년대 말 이후로 줄곧 이 책을 가르치고 있다. 나는 이 책을 읽을 때마다 매번 새로운 것을 배운다. 헨리 해즐릿이 서평에서 밝힌 바와 같이 "『사회주의』는 우리 시대 경제학의 고전"이다. 여기에 내가 수정하고 싶은 것이라면, 이 책이 세월의 검증을 거쳐 이제 모든 시대를 관통하는 경제학의 고전이 되었다는 점뿐이다.

제6장

# 그들은 정말 사회주의자였을까?

그러므로 무엇이든지 남에게 대접을 받고자 하는 대로 너희도 남을 대접하라.

- 마태복음 7장 12절

# 25

## 가이사의 것은 가이사에게: 예수는 사회주의자였나?

로렌스 W. 리드(Lawrence W. Reed)

> 리드는 예수를 진보적 사회주의자로 보는 것이 터무니 없는 비약임을 입증한다. 이를 이해하는 것은 매우 중요하다. 왜냐하면 세속적인 진보주의자들은 자신들의 엘리트주의자 국가 통제적 이데올로기를 뒷받침할 만한 종교를 포착하여 도덕적 우위를 장악하려고 하기 때문이다. 그렇게 되면 그들은 인간의 진정한 번영에 훨씬 더 심각한 해악을 끼칠 것이다.
>
> — 존 A. 앨리슨(John A. Allison)
> 전(前) 케이토연구소(Cato Institute) 회장 및 전(前) BB&T 회장

1992년 6월 16일 런던 데일리 텔레그래프(Daily Telegraph)는 전(前) 소련 공산당 서기장 미하일 고르바초프의 무모하리만큼 대담한 발언을 보도했다. "예수는 최초의 사회주의자였으며, 인류를 위해 더 나은 삶을 추구한 첫 번째 인물이었다."[27]

물론 고르바초프의 말에 너무 발끈할 필요는 없다. 유감스러운 인권 탄압의 역사를 가진 무자비한 무신론자 제국에서 권력의 정상까지 올랐던 그가 성경학자는 아닐 것이다. 그러나 만약 사회주의가 단지 "인류를 위해 더 나은 삶"을 추구하는 것이었다면 예수가 최초의 지지자였을 리가 없으며, 사실 수많은 지지자 중에 한 명일뿐임을 그는 분명히 알고 있었다.

꼭 기독교인이어야만 고르바초프의 허위발언을 알아보는 건 아니다. 다른 종교를 갖고 있거나 신앙이 아예 없어도 가능하다. 그저 사실, 역사, 논리만 제대로 인식해도 구별할 수 있다. 심지어 사회주의자라도 생각만 제대로 할 수 있다면 예수가 자신들의 편이 아니었음을 안다.

먼저, 사회주의라는 용어를 정의해 보자. 고르바초프의 발언은 혼란만 주어 사회주의를 애매하게 만들 뿐이다. 사회주의는 머리 속으로 행복을 꿈꾸는 것이나, 바라는 바를 환상적으로 그리는 것이나, 단순히 선한 의도들이나, 아이들이 서로 할로윈 사탕을 나누는 식의 일이 절대 아니다. 현대 정치, 경제 및 사회 맥락에서 볼 때 사회주의는 걸스카웃처럼 자발적인 단체가 아니다. 사회주의의 가장 중요한 특징은 중앙계획경제, 정부의 재산 소유권, 부의 재분배라는 목적의 일부 혹은 전부를 강제적으로 성취하기 위한 권력의 집중이다. "우리는 당신을 위해 이 모든 일을 한다", "당신의 유익을 위한 것이다", "우리는 사람들을 돕는다"라는 미사여구로 아무리 장식한들 핵심적 특징은 사라지지 않는다. 사회주의를 사회주의답게 만드는 것은 자발적인 탈퇴가 불가능하다는 사실이다. 이를 케이토 연구소의 데이빗 보아즈(David Boaz)가 설득력 있게 지적했다.

> 개인의 선택과 자유를 바탕으로 하는 자유주의와 사회주의의 차이점은, 사회주의자들의 사회는 자유를 실현하는 사람들을 받아들일 수 없지만 자유주의들의 사회는 사람들이 스스로 사회주의를 선택할 수 있도록 흔쾌히 허용한다는 사실이다. 한 무리의 사람들이, 심지어 아주 거대한 무리의 사람들이 땅을 구입해서 공동으로 소유하고자 한다면, 그들은 그렇게 할 자유가 있다. 강제적으로 재산을 공동 소유하게 하거나 사유재산을 포기하게 하지만 않는다면, 자유주의 법적 질서에는 전혀 위배되지 않을 것이다.[28]

정부는 그 크기에 상관없이 권력 사용의 합법적인 독점권을 갖는 유일한 사회 단체이다. 정부는 힘을 많이 가지면 가질수록 사람들의 선택을 경시하고 권력자들의 입맛에 맞추게 된다. 말하자면, 더욱 더 사회주의자가 된다. 일부 독자들은 이런 식의 표현에 반대하며 무언가를 "사회화한다(socialize)"는 것은 단순히 그것을 "나누고(share)" 그 과정에서 "사람들을 돕는 것"이라고 주장할 지도 모른다. 그러나 그건 철없는 소리다. 체제를 결정짓는 것은 운영방식에 달려있다. 권력과 힘을 사용해서 그렇게 한다면 그것이 사회주의다. 설득, 자유 의지, 재산권에 대한 존중을 바탕으로 한다면 그건 완전히 다른 것이다.

그래서 예수는 진짜 사회주의자였을까? 더 구체적으로 말하자면, 예수는 부자들을 처벌하고 가난한 자들을 돕기 위해 국가가 수입을 재분배해야 한다고 요구했을까?

나는 약 40년 전쯤에 처음으로 "예수가 사회주의자였다"라든가 "예수는 재분배론자였다"라는 말을 들었다. 혼란스러웠다. 나는 예수의 가르침의 핵심은 '이 세상에서 사람이 할 수 있는 가장 중요한 선택은 예수를 구원자로 받아들일 것인가 아니면 거부할 것인가'라고 항상 생각해 왔다. 분명히 그 결정은 매우 개인적이고 자발적인 선택이었다. 그는 물질적인 것보다는 내적, 영적 쇄신이 인생의 행복에 훨씬 더 중요하다고 끊임없이 강조했다. 나는 궁금했다. "어떻게 그 예수가 권력을 사용하여 사람들에게서 빼앗은 것을 다른 이들에게 나누어 주는 데 찬성할 수 있을까?" 빈곤층을 위한 식품 구입권 프로그램에 돈을 내지 않으려는 사람들에게 벌금이나 징역형을 선고하라는 예수의 모습은 상상조차 되지 않는다.

"잠깐, 바리새인들이 로마에 내는 세금 문제로 예수를 함정에 빠뜨리려 했을 때, 예수가 가이사의 것은 가이사에게, 하나님의 것은 하나님께 바치라고 대답하지 않으셨나요?"라고 당신은 말할지 모른다. 물론 예수는 그렇게 말했다. 마태복음 22장 15-22절에, 또 마가복음 12장 13-17절에 기록되어 있다. 그러나 모든 것은 무엇이 진정 가이사의 것이고, 무엇이 그의 것이 아닌 지에 달려 있음을 주목해야 한다. 이는 오히려 사적 재산을 강력히 지지하는 것이다. 예수는 "가이사가 얼마만큼 원하든, 어떻게 취하든,

어떻게 사용하길 원하든 상관없이 그저 가이사가 갖겠다고 하면 그의 소유다."라고 절대 말하지 않았다.

성경을 샅샅이 뒤져보아도 예수가 정치권력을 이용한 강제적인 부의 재분배를 지지한 말씀은 찾을 수 없다는 것이 사실이다. 단 하나도 없다.

"하지만 예수는 법을 지키러 오셨다고 말씀하지 않았나요?"라고 당신은 물어볼 지 모른다. 맞다. 마태복음 5장 17-20절에서 예수는 선언했다. "내가 율법이나 선지자나 폐하러 온 줄로 생각지 말라 폐하러 온 것이 아니요 완전케 하려 함이로라"²⁹ 이는 누가복음 24장 44절에서 "모세의 율법과 선지자의 글과 시편에 나를 가리켜 기록된 모든 것이 이루어져야 하리라" 한 말씀에도 명백히 드러난다. 그러나 "정부가 통과시킨 법안은 무엇이든 찬성한다"고 하지 않았다. 구체적으로 모세 율법(십계명)과 예수의 오심을 예언한 말씀이었다.

십계명 중 제 8계명을 주의 깊게 생각해 보라. "도둑질하지 말라" 이것이 문장 전부임을 주목하라. 이는 "다른 사람들이 너보다 더 많이 소유하지 않았다면 도둑질하지 말라"나 "돈을 번 사람보다 네가 훨씬 더 잘 사용할 자신이 없다면 도둑질 하지 말라"가 아니다. "도둑질 하지 말라. 하지만 다른 사람, 예를 들어, 정치가를 고용하여 네 대신 도둑질 시키는 것은 괜찮다." 이것 역시 아니다.

여전히 도둑질의 유혹을 받을까 봐 열 번째 계명에서는 도둑질(과 재분배)의 주된 동기를 싹부터 잘라 버린다. "남의 것을 탐하지 말라" 다시 말해, 네 것이 아니면 손끝도 대지 말라.

누가복음 12장 13-15절에서 예수는 재분배 요청을 받았다. 불만을 품은 한 사람이 예수께 와서 부탁했다. "선생님, 내 형을 명하여 유업을 나와 나누게 하소서" 예수는 이같이 대답한다. "이 사람아 누가 나를 너희의 재판장이나 물건 나누는 자로 세웠느냐……삼가 모든 탐심을 물리치라 사람의 생명이 그 소유의 넉넉한데 있지 아니하니라" 와우! 예수는 손짓만으로도 두 사람의 부를 똑같이 나눌 수 있었지만, 오히려 탐심을 호되게 질책했다.

"선한 사마리아인의 이야기는 어떤가요? 그건 정부의 복지 프로그램이나 재분배의 정당성을 입증하지 않나요?"라고 질문할 수 있다. 그 대답은 단호하게 "아니다!"이다. 누가복음 10장 29-37절에 기록된 그 이야기를 상세히 살펴보라. 어떤 여행자가 길가에 쓰러진 사람에게 다가간다. 그는 매를 맞고 돈을 빼앗겼으며 죽기 직전의 상태로 버려졌다. 그 여행자는 무엇을 했는가? 그는 죽어가는 사람을 그 현장에서 자신이 갖고 있는 것으로 도왔다. "황제에게 편지를 쓰라"거나 "담당 사회복지사에게 가 보라"고 말만 한 게 아니다. 그리고는 가던 길을 갔다. 만약 사마리아인이 그렇게 했다면, 그래서 어찌되었든 계속 사람들에게 기억되었다면, 오늘날 "아무짝에도 쓸모 없는 사마리아인"으로 알려졌을 것이다.

선한 사마리아인의 이야기는 도움이 필요한 사람들을 자발적으로 사랑과 인정으로 도와야 함을 보여준다. 그 사마리아인이 곤경에 처한 사람에게 무엇을 "빚졌다"거나 멀리 있는 정치가가 다른 사람들의 돈으로 도울 의무가 있었다는 암시는 전혀 없다.

게다가, 예수는 물질적 부의 평등을 위한 정치적 권력의 사용은 고사하고, 부의 평등조차 요구하지 않았다. 극심한 곤란 속에서도 말이다. 신학자 스프롤 주니어(R.C. Sproul, Jr.)는 그의 저서 『성경의 경제학(Biblical Economics)』에서 예수가 "가난한 사람들이 도움 받기를 원하지만" 강요하지 않은 것을 주목한다. 강요란 본질적으로 정부의 권력이다.

> 나는 정부가 개입하여 강제적으로 부를 재분배하는 정책은 옳지도 않고 타당하지도 않다고 확신한다. 그런 정책들은 비윤리적이고 비효율적이다……외견상으로는 사회주의자들이 하나님의 편인 것 같기도 하다. 그들이 빈곤퇴치를 간절히 원한다 해도, 안타깝게도 그들의 프로그램과 방법은 더 극심한 가난을 야기한다. 사회주의자들의 생각 속에 자리잡고 있는 비극적인 오류는 부자들의 부와 가난한 자들의 가난 사이에 필연적이고 인과적인 관련성이 있다고 믿는 것이

다. 사회주의자들은 한 사람의 부가 다른 사람의 가난을 기반으로 하기 때문에 가난을 막고 가난한 사람들을 돕기 위해서는 사회주의를 해야 한다고 말한다.[30]

스프롤의 의견에 덧붙여서 말하자면, 어떤 사람은 정치적 연줄의 도움을 전적으로 혹은 일부 받아 부자가 되기도 한다. 정부로부터 특혜를 받거나 보조금을 받거나 정부를 이용해 경쟁자를 누르기도 한다. 자유와 사유재산을 선호하며 일관되게 논리적으로 생각하는 사람이라면 기독교인이든 아니든 그런 식의 관행은 지지하지 않을 것이다. 그것은 일종의 도둑질이며 그 근원은 정치 권력에 있다. 정치 권력을 이용한 도둑질은 진보주의자들과 사회주의자들이 무엇보다 옹호하는 것이지만, 사실은 문제를 악화시킬 뿐이다.

합법적인 부는 자발적으로 파생된다. 그것은 가치의 창조와 상호 이익이 되는 자발적인 거래에서 비롯된다. 권력이 가난한 사람들에게서 빼앗아 부자에게 주는 역(逆) 재분배를 실행한 결과로 발생하는 것이 아니다. 경제적인 기업가는 사회에 대단히 유용한 존재다. 정치적인 기업가는 완전히 다른 부류다. 스티브 잡스(Steve Jobs)가 아이폰을 발명했고, 우리 모두는 유익을 얻는다. 그러나 네바다 주에서 열리는 카우보이 시 축제가 해리 레이드(Harry Reid) 상원의원 덕분에 주 보조금을 받거나 골드만 삭스(Goldman Sachs)가 국가로부터 긴급 구제금을 받을 때, 우리 납세자 수백만 명은 피해를 보면서 그 비용을 지불해야만 한다.

초대 기독교인들이 재산을 팔아 그 돈을 다같이 사용하였다는 사도행전의 말씀은 어떻게 된 것인가? 마치 진보주의 유토피아 같다. 그러나 성경을 자세히 보면, 초기 기독교인들은 모든 소유를 팔지 않았고 그렇게 해야 한다는 명령이나 기대도 없었다. 예를 들어, 그들은 개인 집에서 계속 모임을 가졌다. 믿음, 일, 경제학 연구소의 아트 린드슬레이(Art Lindsley)는 2014년 출판된 『극빈자를 위하여: 가난에 대한 성경의 해답(For the least of These: A Biblical Answer to Poverty)』에 기고한 글에서 이렇게 말했다.

다시 한 번 말하지만, 사도행전의 이 문단에서 국가에 대한 언급은 전혀 없다. 초기 신자들은 자신들의 물질을 아무런 강요 없이 자유롭게 자발적으로 바쳤다. 성경의 다른 부분에서는 심지어 그렇게 해야 한다고 가르친다. "하나님은 즐겨 내는 자를 사랑하시느니라"(고린도후서 9:7) 여전히 사유재산권이 유효했음을 보여주는 것들이 많이 있다.[31]

예수의 말과 행동들이 계약, 이윤, 사유재산권과 같이 매우 중요한 자본주의 덕목을 지속해서 지지했다는 것을 알게 되면 진보주의자들은 실망할지도 모르겠다. 예를 들어, 달란트에 대한 비유를 생각해 보자(마태복음 25장 14-30절). 그 이야기에 나오는 종들 중에 한 명은 주인의 돈을 받아 땅에 묻어 두었다가 심한 꾸중을 들었다. 반면, 주인의 돈을 투자하여 가장 큰 이익을 남긴 종은 칭찬을 받고 보상도 받았다.

포도원 품꾼에 대한 예수의 비유 속에는, 물론 이야기의 핵심은 아니지만, 계약의 신성함과 더불어 수요와 공급에 대한 훌륭한 가르침이 있다. 포도원 주인은 일당을 약속하고 일할 품꾼을 데려온다. 날이 저물기 직전에 그는 급하게 더 많은 품꾼이 필요해서 데려온다. 그는 나중에 와서 한 시간 일한 품꾼에게 먼저 와서 하루 종일 일한 품꾼과 동일한 일당을 준다. 하루 종일 일한 품꾼 중에 하나가 이에 대해 불평하자, 집 주인은 대답했다. "여보게, 나는 자네에게 부당하게 한 것이 없네. 자네는 한 데나리온을 받고 일하기로 나와 약속하지 않았는가? 자네의 몫을 받고 가게나. 나는 나중에 온 이 사람에게도 자네에게 준 것과 똑같이 주겠네. 내 돈을 가지고 내 마음대로 할 권리도 내게 없다는 말인가? 아니면 내가 너무 후하다고 자네 시기하는 것인가?"

마태복음 7장 12절의 잘 알려진 "황금률"도 예수의 입에서 나온 말씀이다. "그러므로 무엇이든지 남에게 대접을 받고자 하는 대로 너희도 남을 대접하라 이것이 율법이요 선지자니라" 마태복음 19장 19절에서 예수는 말한다. "네 이웃을 네 몸과 같이 사랑하라" 이웃이 가진 부유함 때문에 그를 미워하라든지 그가 가진 부를 뺏어야 한다는 말씀은 일말의 암시조차 없다. 당신의 재산을 몰수당하고 싶지 않다면(대다수의 사람들이 그렇다), 당신도 다른 사람의 재산을 몰수하려 해서는 안 된다.

기독교 교리는 욕심에 대해 경고한다. 현대 경제학자 토마스 소웰(Thomas Sowell)도 경고한다. "왜 자신이 벌어들인 돈을 움켜 쥐고 있는 것은 '욕심'이고 다른 사람의 돈을 가지려는 것은 욕심이 아닌지 나는 전혀 이해할 수 없다." 정부의 힘을 이용하여 다른 사람의 재산을 손에 넣으려는 것은 분명 이타적인 게 아니다. 예수는 평화로운 상거래를 통해 부를 축적하는 것이 잘못이라고는 애매한 언질조차 하지 않았다. 재물에 지배받지 말고 재물 때문에 성품을 타락시키지 말라고 당부했다. 그래서 가장 위대한 사도였던 바울은 유명한 디모데전서 6장 10절에서 돈 자체가 악이라고 말하지 않았다. 정확히, "돈을 사랑함이 일만 악의 뿌리가 되나니 이것을 사모하는 자들이 미혹을 받아 믿음에서 떠나 많은 근심으로써 자기를 찔렀도다"라고 말했다. 사실 진보주의자들이 사심 없어서 돈을 포기한 게 아니다. 왜냐하면 그들이 항상 소리 높여 요구하는 것은 다른 사람의 돈, 특히 "부자들의 돈"이기 때문이다.

마태복음 19장 23절에서 예수는 말한다. "내가 진실로 너희에게 이르노니 부자는 천국에 들어가기가 어려우니라" 재분배론자들은 말할 지 모른다. "유레카! 여기 있구나! 그는 부자들을 좋아하지 않는다!" 그리고는 한쪽에서 돈을 빼앗아 다른 쪽에 갖다 쓰는 계략을 정당화하려고 이 말씀을 터무니없이 확대 해석한다. 그러나 이 권고는 예수의 다른 말씀들과 전적으로 일관적이다. 부유한 사람들을 시기하거나 그들의 것을 빼앗거나 가난한 사람들에게 "공짜" 휴대폰을 주라는 게 아니다. 이는 인격에 관한 말씀이다. 어떤 사람들은 물질을 다스리는 게 아니라 물질의 지배를 받는다는 말씀이다. (단지 물질적인 풍요로움뿐만 아니라 여러 가지 형태로 올 수 있는) 유혹에 관한 경고다. 부유한 사람들 중에는 가난한 사람들과 마찬가지로 좋은 사람도 있고 나쁜 사람도 있는 것을 우리 모두는 알고 있지 않은가? 부유한 유명인들 중에는 명성과 재물 때문에 자신을 망치는 사람들이 있는가 하면, 대단히 강직한 삶을 사는 사람들도 있는 걸 우리 모두 보지 않았는가? 가난한 사람들 중에는 가난 때문에 타락하고 무기력해지는 사람들이 있는 반면, 오히려 가난을 자신과 자신이 속한 공동체를 향상시키는 동기(動機)로 삼는 사람들도 있음을 우리 모두는 목격하지 않았는가?

2015년 1월 이 글의 초판이 나왔을 때, 몇몇 "진보주의자" 친구들이 내 논지에 대한 반대 증거로 로마서 13장 1-7절을 제시했다(비슷한 정서가 베드로전서 2장 13-20절과 디도서 3장 1-3절에도 보인다). 로마서 13장에서 사도바울은 정부 권위에 복종할 것을 강권하고 반역을 조심하라고 경고한다. 그는 또한 세금을 내야 한다면 내라고 말한다. 그래서 오늘날 사회주의자나 "진보주의자"는 이 말씀이 부의 재분배, 복지국가, 혹은 국가가 당신을 위해 또는 당신에게 하는 모든 것 등을 신성하게 만든다고 말할 지 모른다. 그러나 이는 지나친 비약이다.

성경의 다른 모든 부분이 그렇듯 여기서도 맥락이 중요하다. 바울은 초기 기독교인들이 반(反) 로마 감정의 골이 깊은 상황 속에서 말하고 있었다. 그는 기독교가 날로 번성하고 있던 차에 반(反) 로마 폭력사태나 도발에 연루되어 로마 당국의 무자비한 탄압을 받게 되는 샛길로 빠지는 것을 원하지 않았다. 그는 사람들의 시선을 자신이 당장 더 중요하다고 여기는 한 차원 높은 곳으로 끌어올리려는 것이었다.

정부의 역할에 대한 특정한 시각, 즉 "진보주의"나 "사회주의"를 정당화하려고 사도바울의 말을 억측하는 것은 크나큰 실수다. "당국"이 엄격한 헌법제도와 자유 및 사유재산 보장을 갖춘 작은 정부를 운영한다고 가정해 보자. 그리고 "정부는 당신의 권리와 재산에 대한 공격으로부터 당신을 보호할 것이다. 그러나 대신, 무료로 물건을 나누어 주지는 않는다. 당신은 다른 사람에게 해를 끼치지 않는 한, 자유를 누릴 권리, 개인적이고 자발적인 자선 및 상업에 관여할 권리, 평화롭게 서로의 문제를 타협할 권리, 자신의 선택에 따라 삶을 영위할 권리가 있다. 그러나 정부는 국민의 돈을 함부로 징수해서 나누어 주지는 않을 것이다"라고 법에 명시되어 있다고 하자. 로마서 13장 1-7절 말씀에 비추어 볼 때, 이런 정부에는 복종하지 않고, 재분배 복지국가에는 복종해야 한다는 근거는 그 어느 것도 없다.

로마서 13장 1-7절이 정부의 합법성 자체를 주장하는 것이지, 현대 "진보주의자"나 사회주의자들의 요구를 인정하는 것이 아님은 명백하다. 사실, 성경에는 도를 넘어선 정부에 용감하고 의롭게 항거한 사람들에 관한 이야기가 가득하다. 만약 예수가 이집트 탈출을 목전에 둔 사람들에게 "파라오가 머물라고 명하면 짐을 풀고 일터로 돌아가라"고 설교했다면 누가 믿을 것인가?

화학 공학자이자 LivertarianChristians.com의 창립자인 노먼 혼(Norman Horn)은 구약과 신약 모두가 국가에 불복종했던, 칭찬할 만한 수많은 예들을 보여준다고 언급한다.

> 히브리인들은 신생아를 죽이라는 파라오의 명령을 거부한다(출애굽기 1장). 라합은 히브리 첩자들에 대해 여리고 왕에게 거짓말 한다(여호수아 2장). 예후는 왕의 장관들을 속이고 왕을 암살한다(사사기 3장). 다니엘, 사드락, 메삭, 아벳느고는 왕의 명령에 따르기를 거절하고도 기적적으로 살아난 일이 두 번이나 있었다(다니엘 3장과 6장). 동방박사들이 헤롯의 명령을 따르지 않았다(마태복음 2장). 베드로와 요한은 사람이 아니라 하나님께 순종하기로 마음을 정하였다(사도행전 5장).[32]

이야기가 다소 길어지고 있지만, 경제교육재단(FEE)의 제프리 터커(Jeffrey Tucker)와 나눈 대화에서 통찰력이 돋보이는 이야기를 하고 싶다.

> 요셉, 마리아, 예수는 유아를 죽이라는 헤롯의 명령에 따르는 대신 베들레헴을 도망쳤다. 만약 로마서 13장의 의미가 국가 권위에 대한 절대 복종이라면, 예수는 출생 직후에 살해되었을 것이다……저항은 당연히 도덕적일 수 있다. 역사

속의 기독교는 국가에 대한 저항을 고취시켰다. 근대 사회에서 시민의 권리를 위한 미국 혁명부터 공산주의에 반대하는 폴란드의 저항까지. 예수 자신이 본을 보이셨다. 그는 경우에 따라 정부를 피하셨고, 신중한 방식으로 저항하셨다. 그리고 마침내 꼭 필요할 때 정부에 순응하셨다.

2세기 전 몽테스키외(Montesquieu)는 "국가는 부유할 때가 아니라 자유로울 때 소양이 넘친다"[33]라고 말했고 오늘날 이에 대한 경험적 증거들은 매우 강력하다. 경제가 자유로울수록(그리고 정부가 작을수록) 장기적인 경제 성장을 이루고 사회주의적 및 재분배론적 관행이 있는 나라들보다 더 번영한다. 경제적 자유가 가장 낮은 나라들은 생활 수준 역시 가장 낮다. 자유로운 국가들과 국민들은 자선에 가장 큰 힘을 쏟는 반면, 이에 균형을 맞추어 사회주의 국가들은 확실히 받는 쪽이다. 왜 이렇게 되는 것일까? 창출이 선행하지 않는다면 분배는 일어나지 않는다. 여러 증거가 강력히 시사하는 바, 사회주의자들과 재분배론자들이 가난한 사람들을 위해 유일하게 지속할 수 있는 일이란 바로 가난한 이웃들을 만들어 주는 것이다.

예수의 가르침과 신약의 많은 부분은 기독교인들에게, 사실 모든 사람들에게, "너그러운 마음"을 품고 자신의 가족을 돌보며 가난한 자들과 과부와 고아를 돕고 친절함을 보이며 고귀한 인격을 고양하라고 말한다. 이 말씀을 강제적으로, 투표를 매수하면서, 정치 권력으로 주도하는 재분배 제도라는 추잡한 일로 해석하는 것은 어불성설이다. 이는 성경의 실제 의미를 밝혀내는 학자들과 무관한 일이다.

당신의 양심을 살펴보라. 증거들을 숙고해 보라. 사실들을 주의 깊게 보라. 그리고 자문하라. 가난한 사람들을 도울 때 자발적으로 구세군에 기부하는 것과 어쩔 수 없이 복지부에 납부하는 것 중에 예수는 무엇을 더 좋아할까?

예수는 순진하지 않았다. 율법적이고 가식적인 바리새인들이 즐겨 했던 공공연한 자선행위에는 전혀 관심이 없었다. 잇속만 차리고 말로만 떠드는 그들의 행태를 단호히 물리쳤다. 그들의 자선은 진실되지 못하며 실제 모습과는 완전히 다르다는 것을, 종국에는 수많은 유혹과 착각으로 점철된 교착상태에 이르고 말 것을 예수는 알았다. 그가 가난한 사람들을 돕는 데 필요한 부의 창출과정을 약화시키는 정책들을 지지하여 가난한 사람들을 위해 싸웠다는 주장은 이치에 맞지 않는다.

결국, 예수라면 질투나 도둑질에 뿌리를 둔, 제대로 작동하지 않을 제도는 절대 지지하지 않을 것이다. 현대 많은 진보주의자들이 그를 복지 국가 재분배론자로 포장하려고 시도하지만, 그는 결코 그런 부류가 아니었다.

# 26

## 디킨스는 정말 사회주의자였을까?

윌리엄 E. 파이크(William E. Pike)

나는 고등학생이 되기 전부터 찰스 디킨스(Charles Dickens)의 열렬한 팬이었다. 또한, 자유주의 철학에도 심취해 있었다.

그런데 시간이 흐르고 디킨스가 집산주의 경제와 국가 중심의 사회 프로그램에 기폭제 역할을 했다고 칭찬하는 글들을 계속 읽으면서 내 마음은 낙심되고 흔들렸다. 그러나 결국에는 그 많은 글들이 대체적으로 디킨스를 있는 그대로 보지 않고 결과적으로는 디킨스의 이름을 빌려서 자신들이 하고 싶은 주장만 내세웠다는 것을 알게 되었다.

디킨스가 가난한 사람들을 대변했는가? 그렇다. 당시 사회 환경에 대해 목소리를 높였는가? 그렇다. 그는 반(反) 자본주의자였나? 그는 사회주의자였나? 정부 복지 프로그램을 옹호하였나? 아니다.

### 따뜻한 마음을 지녔다고 해서 사회주의자인 건 아니다

대부분 위대한 소설가들과 비교해 볼 때, 디킨스에 대해선 굉장히 많은 전기(傳記)들이 계속 나오고 있고, 그의 작품이 아니라 그의 삶에 대한 관심이 좀처럼 줄어들지 않고 있다. 그 이유 중 하나는 디킨스가 활기찬 인생을 살았기 때문이다. 그는 해외 여행을 자주했고 대중들에게도 자주 모습을 드러냈다. 빈번하게 런던 거리에 나타나서(상당수는 신원을 밝히지 않았지만) 도시를 둘러보고 다양한 배경과 삶의 궤적을 가진 사람들을 만났다. 그는 영국의 최고 상류 사회와 밑바닥 계층, 모두와 편하게 어울렸다. 따라서 인간의 상황에 대한 그의 이해는 대단히 폭넓었다.

그러므로 디킨스가 소설과 논픽션에서 가장 억압받는 사람들 다수를 포함하여, 영국 사회 전체를 독자들에게 그려 내려고 애쓴 것은 당연한 일이다. 그가 가난, 장애, 학대로 고통 받는 사람들과 집이 없어 떠도는 사람들을 생생하게 묘사했다는 사실만으로, 그가 따뜻한 마음을 지녔다는 사실만으로 정치적 결론을 이끌어내서는 안 된다. 그가 독자들이 그렇게 비참한 사람들에게 마음을 열도록 노력했다는 사실은 그들이 도움을 받는 방식에 대한 그의 가치관과는 아무런 상관이 없다. 오늘날 유명 작가들을 자신들이 신봉하는 사상에 끼워 놓으려고 혈안이 되어 자기 잇속만 차리는 자들이 그런 식의 억측을 자행하고 있다.

디킨스는 문학 작품에서 가장 가슴 아픈 인물들을 만들어냈다. 티니 팀, 장애를 가진 그는 제대로 된 치료 한 번 받지 못한 채 어린 나이에 죽을 운명이었다. 고아였던 올리버 트위스트는 굶주림, 잔인한 학대, 어린이 노동을 그저 감수해야 했다. 다정다감했던 미코버는 빚 때문에 결국 감옥에 갔다. 넬과 조, 그들은 요절하였다. 디킨스는 사회 최빈곤층의 곤경을 직시하라고 그런 인물들을 그려낸 것이지, 그런 참혹상을 끝내기 위한 집산주의적 해결책을 처방한 것이 아니었다.

그는 그들의 곤경이 그 당시 발흥하고 있던 자본주의 경제 탓이라고 비난하지도 않는다.

## 탐욕을 공격하는 것이 자본주의를 공격하는 것은 아니다

우리는 디킨스가 사업가들의 면모를 끊임없이 풍자했기 때문에 그가 자본주의를 적대시한다고 생각하는 데 익숙하다. 그러나 실제로 그는 탐욕이라는 악을 공격했다. 『우리 서로의 친구(Our Mutual Friend)』에서 디킨스는 오직 돈 때문에 결혼한 램믈 부부를 맹렬히 비판한다(결국 그들은 서로가 빈털터리라는 것을 알게 된다). 같은 소설에서, "돈 버는 데만 혈안이 된" 벨라 윌퍼는 행복을 찾기 전까지 변화의 고통을 겪어야 했다. 『마틴 처즐위트(Martin Chuzzlewit)』에서 주인공의 친척들은 유산을 차지하려고 음모를 꾸미다가 웃음거리가 된다.

그리고 무정한 자본주의자의 전형인 에브네저 스크루지가 있다. 그러나 다른 등장인물들과 마찬가지로 디킨스는 스크루지를 자본가가 아니라 구두쇠로 비난한다. 대니얼 올리버(Daniel T. Oliver)는 '자유인'(1999년 12월)에서 이렇게 말한다.

> 스크루지라는 인물의 결함은 탐욕이 아니라 인색함에 있다. 그는 자신의 안락함도 포기한 채 돈을 움켜쥔다. 많은 이들이 그의 조수 밥 크라치트의 냉기 도는 사무실에 겨우 한 줌의 석탄만이 타고 있음을 기억하지만, 스크루지 사무실의 불 또한 "아주 작은" 것으로 묘사되고 있다…… 스크루지가 부정한 거래를 했다고 여길 만한 내용은 전혀 없다. 그는 근검절약하고, 절도 있게 생활하며, 열심히 일한다. 디킨스가 분명히 말하고자 하는 바는 그것만으로는 충분치 않다는 사실이다.

『크리스마스 캐롤(Christmas Carol)』의 주요 등장인물은 밥 크라치트겠지만 사실 다른 인물 중에 공감이 가는 자본가들도 있다. 사업가 페지위그는 고용인들을 가족처럼 대한다. 그리고 종종 간과되긴 하지만, "가난한 사람들에게 고기와 술 및 난방용품을 사 줄" 돈을 모금하는 "약간 뚱뚱하고 유쾌해 보이는 신사들"이 있다.

사실, 크리스마스 아침에 달라진 스크루지도 자본주의를 비난하지 않는다. 대신, 더 나은 사람이 되겠다고 약속한다. 그는 더 충만한 삶을 살고 가까운 이들에게 자신의 재산을 나누어줄 것이다.

많은 자유주의자들과 자유시장 지지자들은 스크루지가 이미 수완 좋은 사업가로서 사회에 기여하고 있다고 말한다. 스크루지의 인성을 풍자하면서 디킨스가 노동시장의 현실을 왜곡했다는 주장도 있다. 마이클 레빈(Michael Levin)은 이렇게 말한다.

> 스크루지가 조수 밥 크라치트에게 적은 임금을 준다는 근거 없는 주장을 선입견 없이 보자. 사실, 크라치트의 기술이 스크루지가 지급하는 주당 15실링에는 아까운 것이라면 다른 누군가가 그에게 더 많은 급여를 제안했을 것이다. 하지만 그런 사람이 없었고, 크라치트의 능력을 최대한 활용하려는 상사는 공짜로 부려먹을 생각이 아니었기에 분명히 그는 딱 그 임금만큼의 가치가 있다.

스크루지는 지역 은행장이나 금융업자처럼 자신의 사업을 통해 사회에 유익을 준다는 주장과 디킨스는 이 소설에서 노동시장의 실상을 있는 그래도 표현한 것이 아니며 노동시장 자체를 완전히 이해한 것 같지 않다는 주장은 일리가 있다. 그러나 스크루지 이야기는 개인적인 참회에 관한 것이다. 경제학을 딱히 현실적으로 묘사한 것도, 문학적으로 잘 풀어 쓴 것도 아니다. 디킨스는 자본주의나 자유로운 노동시장을 반대한다고 주장하지 않는다. 개인의 냉담함과 염세주의를 반대한다고 말하고 있다.

루트비히 폰 미제스는 자신의 책 『사회주의』 제 33장에서 공리주의와 진정한 자유주의에 대한 디킨스의 묘사를 안타까워했다. 그러나 디킨스의 글이 후세대에 사회주의적 의제의 고취를 위해 선택된다 하더라도 그것은 디킨스의 잘못이 아니다. 공리주의는 굳건한 자본주의 경제의 기반이 될 수 있다. 또한, 공리주의는 다르게 해석하면 공산주의 국가가 될 수 있다. 이를 디킨스는 몰랐을 지 모른다. 그러나 그는 합리적인 판단이 결여된 공리주의가 사회를, 그리고 국가를 괴물로 만들 수 있다는 것은 알았다.

## 공공 복지가 아니라 개인적인 자선활동

크리스마스 캐롤은 디킨스가 개인적으로 정말 말하고 싶은 바를 전형적으로 보여준다. 그는 국가의 개입이나 경제적 규제를 요구하지 않았다. 대신, 개인적인 자선활동을 주장했다. 결국, 스크루지는 사회주의자의 이상 때문이 아니라 인간성이 각성되었기 때문에 티니 팀을 돕는다. 그것이 제대로 하는 것이다.

사실, 디킨스의 소설들을 연구해 보면, 주인공들과 행복한 결말에는 공통점이 있다. 재산이 있는 사람이 선한 마음에서 우러나와 재산이 없거나 가난한 사람들을 돕는다는 것이다. 올리버 트위스트는 브라운로우 씨에게 입양된다. 『우리 서로의 친구』에서 보핀은 진짜 상속자에게 재산을 넘긴다. 마틴 처즐위트는 오랫동안 등한시했던 손자에게 생활비를 보내주고 진심으로 사랑한다. 픽윅은 정직하지 못한 친구들을 용서하고 새로운 삶을 살 수 있도록 돕는다. 『두 도시 이야기(A Tale of Two Cities)』의 시드니 카튼은 연인들을 위해 자신의 삶을 포기한다.

디킨스의 소설 속에서 정부의 경제 통제나 사회 복지 제도에 대한 요구를 찾으려 해 보았자 헛수고다. 『빅토리아 시대의 문학과 빅토리아 시대의 국가(Victorian Literature and the Victorian State)』에서 로렌 M.E. 굿랜드(Lauren M.E. Goodland)는 디킨스가 『황폐한 집(Bleak House)』에서 위생시설을 묘사한 것에 대해 이렇게 말한다.

> 이 소설에서 위생시설의 개혁은 국가가 도덕적 및 물질적 복지를 실행하는데 기본 조건으로 그려진다. 그러나 그런 묘사 때문에 디킨스가 개인과 공동체의 생활에 국가의 의무적 개입을 열렬히 주장했다고 추론한다면 그건 틀린 것이다. 독립적인 개인의 사회라고 여겨지는 곳에서도 보살핌의 손길은 필요하다는 것을 인상적으로 극화한 것이지, 결코 국가의 감독이나 사실상 그 어떤 제도화된 권위를 분명하게 지지하는 것이 아니다.

실제로, 디킨스는 종종 국가가 후원하는 기관들을 비판했다. 예를 들어, 현재의 크리스마스 유령은 스크루지에게 직접 자선을 베풀지 않고 그런 기관에 의존한다고 꾸짖는다. 유령은 스크루지가 내뱉은 말로 조롱한다. "감옥이 없냐고? 구빈원이 없냐고?"

디킨스의 작품 중 가장 감동적인 것으로 『구빈원에서의 산책(Walk in a Workhouse)』이라는 논픽션이 있다. 그는 빅토리아 시대 사회의 모든 짐들 - 고아, 유기 아동, 병자, 노인, 허약자, 정신병자 - 의 해결책이었던 국영 구빈원의 애처로운 광경을 단 몇 장으로 그려낸다. 물론, 문제는 구빈원이 한 사람의 자유와 존엄성, 모두를 빼앗았다는 것이다. 그런 사람에게 미래가 없는 것은 말할 것도 없다.

> 노인들과 허약자들이 있는 기나긴 병동들을 걸어 가는 동안에, 몇몇 노인들은 침대에 누워 있었다. 그들은 아주 오래 그 곳에 있었다. 몇몇 노인들은 반쯤 벌거벗은 채 침대에 앉아 있었다. 어떤 이들은 침상에서 죽어가고 있었고 어떤 이들은 침대에서 나와 불 근처 탁자에 앉아 있었다. 물어 보는 말에는 무관심하게 뚱한 표정이나 반쯤 눈이 감긴 얼굴을 보여줄 뿐, 온기와 음식 외의 것에는 굼뜬 반응만 보였다. 다 부질없다는 듯 불평조차 없는 침울한 분위기 속에 무겁게 꽉 다문 침묵과 다시 혼자 내버려달라는 원망에 찬 욕망만이 선명하게 보였다.

이것이 디킨스가 바라본, 국가가 사회 복지에 개입한 결과였다. 그는 구빈원의 간호사들이 담당 병동을 헌신적으로 돌보는 모습에 칭찬을 아끼지 않았다. 그러나 그 장소 자체는, 그 기관은 혐오의 대상이었다.

그러니 영문학 교수들과 문학 이론가들의 말을 믿지 말라. 찰스 디킨스는 진정 사회주의자가 아니었다. 복지 국가를 지지하는 선각자이기는커녕 오히려 우리 모두에게 경고음을 울려 주고 있었다. 이제 그의 경고에 주의를 기울이자.

# 주석

1 20세기 스탈린과 히틀러의 교전으로 고통을 겪었던 폴란드, 우크라이나, 벨라루시, 러시아, 발트해 연안 국가들을 말함
2 에스파냐의 초대 종교 재판장. 무자비한 판결과 잔혹한 처벌로 유명하다.
3 식민역사의 결과로 백인들이 사회에서 획득한 집단적 이익을 말하는 white privilege에서 비롯된 말
4 조직된 정치 집단으로 여겨지는 한 국가의 전 국민
5 1949년 미국 UPA스튜디오에서 처음 탄생한 TV시리즈 애니메이션
6 See my article, "Marx's Flight from Reality"
7 각도와 거리를 정확하게 재는 데 쓰이는 광학 기계
8 경제적 자유, 즉 소유권을 모든 권리의 출발점이자 절대불가침의 영역으로 보았다.
9 누가복음 12장
10 토지와 산업자본을 개인이나 계급적 소유에서 해방시켜 공유화함으로써 사회를 재조직할 것을 목표로 하며 사회진화론적 입장을 취하여 민주적인 수단으로 점진적이고 유기적인 사회개혁을 강조한다.
11 What is Philosophy?, p. 31.
12 성경에 나오는 인물로, 시기심 때문에 동생 아벨을 돌로 쳐 죽였다.
13 슈몰러는 국민경제의 목표가 단순히 경제 생활의 현상을 설명하는데 그치지 않고, 경제학의 주요 목적이 목적 설정에 있다고 주장하였다. 이에 반해 멩거는 국민경제를 역사주의적으로 이해하려는 역사학파를 비판하면서 경제학의 관찰대상이 되는 현상 중에 개별적 현상을 설명하는 것은 경제사의 임무이며, 규칙성이나 유형으로 포착할 수 있는 일반적 현상이 경제 이론의 과제라고 주장했다.
14 1924~1948년 독일에서 사용하던 통화 단위
15 신규 투자자의 돈으로 기존 투자자에게 이자나 배당금을 지급하는 방식의 다단계 금융사기로 1920년대 미국의 찰스 폰지가 벌인 사기 행각에서 유래
16 미국의 초대형 모기지론 대부업체들이 파산하면서 시작된 경제 위기로 미국뿐만 아니라 국제 금융시장에 신용 경색을 불러왔다.
17 https://capx.co/socialisms-obsession-with-race/
18 생물이 살 수 있는 지구 표면과 대기권
19 경제성장과 환경오염도를 보여주는 곡선. 후진국에서는 경제발전이 부족하여 환경오염이 상대적으로 적으나, 점차 생산을 늘려가면 환경이 오염되어도 소득 증가가 더 중요하기 때문에 환경오염이 늘어난다. 그러나 소득이 상당 수준 오르면 소득보다 삶의 질을 더 중시하게 되어 환경오염을 줄이는 노력을 하게 된다.
20 사회민주주의·민주사회주의를 표방하는 프랑스 최대 좌파정당. 2014년 당시 프랑스 대통령 프랑수아 올랑드(François Hollande)가 프랑스 사회당 소속이었다. 2017년 선거 이후 현재는 세력이 많이 위축된 상태
21 멕시코의 광산 및 유전 개발을 담당하는 국영기업
22 전력수요가 전력공급 능력을 초과해서 대규모 정전을 피하기 위해 지역별 전력을 돌아가며 차단시키는 것

23 국제 무역을 주로 연구한 스웨덴 출신의 경제학자로 1979년 노벨 경제학상을 받았다.
24 경제 현상을 이해하기 위하여, 인간이 목적을 가지고 행동하고 그 목적을 달성하기 위하여 수단을 어떻게 동원할 것인가를 다루는 분석 방법을 응용하는 것이 경제학이다.
25 여러 생산 단계 중 최종 소비재와 가까운 단계에서 쓰이는 자본재를 저차재(goods of lower order)라 하며, 반대로 최종 소비재와 먼 단계에 사용되는 자본재를 고차재(goods of higher order)라 부른다.
26 공장, 사업체 등은 그 속에서 일하는 모든 사람들이 소유하고 경영해야 한다는 주의
27 *London Daily Telegraph*, June 16, 1992.
28 David Boas, "The Coming Libertarian Age," *Cato Policy Report*(January-February 1997).
29 All Bible citations are from the New International Version(NIV).
30 R.C. Sproul, Jr., *Biblical Economics: A Commonsense Guide to Our Daily Bread*(Bristol, TN: Drought Horse Press, 2002), p. 138.
31 Anne Bradley and Art Lindsley, eds., *For the Least of These: A Biblical Answer to Poverty* (Bloomington, IN: Westbow Press, 2014), p. 110.
32 Norman Horn, "New Testament Theology of the State, Part 2," LibertarianChristians.com, Nov. 28, 2008, http://libertarianchristians.com/2008/11/28/new-testament-theology-2/.
33 Montesquieu, *The Spirit of the Laws*(1748).

## 역자 안내

이 책은 로렌스 W. 리드의 『The XYZ's of Socialism』(FEE, 2018)을 번역한 것입니다.

본 책은 경제지식네트워크에서 활동하는 4명의 재능기부자들이 공동으로 번역하였습니다.

- **전현주** _ 숨을 쉬듯 자유로움을 만끽하며 생각하고 선택하고 책임지는 사회를 아이들에게 주고 싶은 엄마의 마음으로 경제지식네트워크에 동참하고 있다.

> 러시아 혁명과 두 사람 이야기 / 사회주의는 독재자가 필요하다 / 경이로운 세계 / 사회주의의 심리학 / 북유럽은 사회주의인가? / 북유럽 복지의 실체 / 라인강의 기적에 사회주의 숟가락을 얹지 말라 / 현대 사회주의의 다섯 가지 얼굴 / 버니, 친절은 시장에서 나와요 / 왜 실패했는가? / 너, 베네수엘라에서 살고 싶니? / 밀레니얼 세대는 자본주의 및 사회주의와 삼각관계에 빠졌다 / 결과는 달라질 수도 있었다 / 미제스의 『사회주의』 / 가이사의 것은 가이사에게: 예수는 사회주의자였나? / 디킨스는 정말 사회주의자였을까?

- **박재상** _ '자유'의 가치에 대해 알게 되고 난 후, 그 가치를 전파하기 위해 고민하고 노력한다. 다양한 매체와 방식을 통해 많은 사람들과 이야기를 나누고자 노력하고 있다.

> 의지만 있다면 / 민주주의 + 사회주의 = 민주사회주의? / 사회주의는 친환경적일까? / 사회주의 하에서 반기를 든다는 것은 / 민주주의의 약점, 사회주의의 기회

- **박준혁** _ 자유시장경제의 매력에 빠져 경제학과에 진학했다. 거시경제보다는 미시경제를 더 좋아하며 현재는 국제경제에 더 관심을 가지고 있다. 세계시민을 목표로 살아가는 중이다.

  서문 / 끊임없이 움직이는 과녁 / 눈보라인가 아니면, 눈송이인가? / 경고는 울렸다

- **성화수** _ 현재 무역업에 종사하며 프리랜서로서 통/번역을 하고 있고 경제지식네트워크(FEN) 번역팀에서도 활동 중이다.

  오믈렛은 어디에 있나? / 왜 불가능할까?